UNE VEUVE INCONSOLABLE.

I

OEUVRES DE MERY.

Une Veuve inconsolable. . . . . 2 vol in-8.
Une Conspiration au Louvre. . . . . . 2 vol. in-8.
La Guerre du Nizam. . . . . 5 vol. in-8.
La Floride. . . . . 2 vol. in-8.
La Comtesse Hortensia. . . . . 2 vol. in 8.
Le chateau vert. . . . . 2 vol. in-8.

Sous presse.

La Circée de Paris. . . . . 2 vol. in-8.
La Prima Dona. . . . . 2 vol. in-8.
L'Amour dans le crime. . . . . 2 vol. in-8.

UNE VEUVE
INCONSOLABLE

PAR

MÉRY.

I

PARIS

GABRIEL ROUX ET CASSANET, EDITEURS
EN VENTE A LA LIBRAIRIE
25, RUE DU VIEUX-COLOMBIER

1847

INTRODUCTION.

Il est convenu chez tous les observateurs, depuis le roi Psalmiste, qui a dit : *Tout homme est menteur*, jusqu'au misanthrope, qui a dit : Tout homme est méchant, il est convenu que l'humanité en général est très-vicieuse, et que les villes sont des réceptacles de péchés capitaux. Nous avons tous pris notre parti là-dessus; et nous regardons notre voisin avec un tel œil de méfiance, que nous mettons des jalousies à nos fenêtres pour lui cacher notre femme, et des serrures à nos portes pour lui cacher notre argent.

Cette satire de l'humanité s'éteint à la porte d'un cimetière. Toutes les épitaphes démentent la philosophie de l'observation. Juvénal, Pétrone, Montaigne, Larochefoucault, Molière, sont anéantis sur le marbre des tombeaux. Tout *ci-gît* est la petite préface d'une glorification. Tout mort, proprement inhumé, fut bon père, bon époux, bon fils, bon ami, bon citoyen, bon électeur, bon garde national. Toute morte fut bonne épouse, bonne mère, et fidèle à tous les devoirs domestiques. On regrette vraiment, après avoir lu des milliers d'épitaphes, de s'être laissé abuser par les observateurs; et, en rentrant chez soi, on est tenté de faire amende honorable à son voisin, et de lui confier sa femme et son coffre-fort.

Ce sont les veuves surtout qui font de belles épitaphes à leurs maris, et cela se conçoit. Une veuve dit à un sculpteur tumulaire :

— Faites-moi un tombeau.

— Pour vous, madame? dit le grave artiste.

— Non, monsieur, pour mon mari.

— Qui est mort?

— Hélas! oui!

Et la veuve pleure, et ses larmes sont pleines de sincérité hydraulique.

Le sculpteur se met à l'œuvre. Il cisèle des cornes lacrymatoires, façon Pompéia, des noix de cyprès, des têtes de pleureuses, et, après avoir sculpté les vertus du défunt, il ajoute le refrain obligé :

« *Sa veuve inconsolable lui a élevé ce tombeau.* »

De cette manière, si la veuve vient un jour à se consoler, ce mensonge lapidaire retombe sur la tête du sculpteur.

Il y a d'ailleurs de vieilles formules qui ne prouvent rien et n'engagent à rien. On est veuve inconsolable, comme on est le *très-humble et très-obéissant serviteur* de son correspondant épistolaire. Si le correspondant vous priait de lui brosser son chapeau, on lui enverrait un cartel.

Tout veuvage a eu sa consolation, et c'est fort excusable et fort naturel. Il faut pourtant excepter les veuves de l'Inde : une loi ne leur laisse pas le temps de se consoler. Même en ce pays, grâces à la civilisation, au chemin de fer de Bombay à Madras, et au gouverneur de l'Inde, les veuves ne tardèrent pas d'embrasser les mœurs européennes; déjà, depuis l'administration de sir William Bentinck, beaucoup de sergents anglais ont épousé des veuves bengalis, au pied du bûcher, en menaçant les bonzes et les fakirs des vengeances du *Morning-Chronicle*, et de l'épée du colonel Fénéran.

Artémise même, cette reine et cette patrone des veuves inconsolables, a été trop vantée par les historiens célibataires. Si Artémise avait eu sérieusement l'intention de ne jamais se consoler, elle aurait employé le procédé indien, fort connu dans son pays ; elle aurait élevé un bûcher pour elle, et non un tombeau pour son époux. Certes, il est fort glorieux d'avaler tous les jours, comme fit Artémise, une cuillerée de cendre conjugale, dans la salle à manger d'un sépulcre; mais, quelle que soit la provision de cendres que puisse laisser un mari brûlé, un jour arrive où la provision est épuisée, et alors se lève l'aurore de la consolation domestique ; et c'est ce qui advint pour la belle Artémise. Quand elle eut avalé en détail son époux, elle comprit qu'elle ne pouvait faire davantage, et elle épousa secrètement le jeune Nisobe, que son mari lui avait présenté de son vivant. Cela n'empêche point le nom d'Artémise de figurer honorablement au boulevard Bonne-Nouvelle, sur l'enseigne d'un magasin d'étoffes de deuil.

Plus la douleur est vive, plus le besoin de consolation se fait sentir. Ne prenons jamais les épitaphes au sérieux.

Les romanciers ont toujours abusé des veuves, et ils en abuseront toujours. La veuve est la femme par excellence ; elle met à l'aise un écrivain moral : avec une veuve, l'historien n'est pas obligé d'exposer les tableaux de séduction ou d'adultère, pour exciter criminellement l'intérêt du lecteur. On exploite tout le bénéfice littéraire de la passion, sans en subir les dangereux inconvénients.

C'est donc encore une histoire de veuve qui sera contée dans ce livre. Lavinia, notre héroïne, est irlandaise, mais toutes les veuves sont du même pays, du pays des veuves. Artémise, Lavinia, la dernière veuve du Malabar, sont compatriotes. Cette remarque ne s'applique pas aux veufs.

LAVINIA.

1

En 1835, Albin de Servian avait l'âge de son siècle et n'en avait pas les mœurs. C'était un homme primitif; on citait sa candeur, son austérité, sa franchise, et surtout sa fidélité patriarcale dans les relations.

Son père, le comte Godefroy de Servian, émigré français, voyageait en Irlande, en 1793. Il oublia longtemps ses malheurs et les malheurs de sa patrie, en étudiant, au point de vue de l'art français, les belles Irlandaises de Dublin. A la nouvelle de la victoire de Marengo, le comte de Servian désespéra du retour des Bourbons, et après avoir médité sur tous les genres de suicides, il se maria.

Sa femme n'avait d'autre noblesse que celle de l'âme; c'était la fille d'un agriculteur du comté de Kerry, lequel avait renoncé à être homme des champs parce qu'il ne connaissait pas son bonheur. La mésalliance s'était déguisée aux yeux du gentilhomme français sous une dot de quarante mille livres sterling, que le beau-père avait conquises, en élevant la patate de Killarney à un degré de succulence fluide inconnu à Parmentier. Si Versailles avait encore pu voir, du coin de son œil-de-bœuf, une pareille mésalliance, il aurait voilé de noir sa façade en signe de deuil ; mais l'œil du géant royal était fermé.

Le comte de Servian ayant fait des adieux éternels à la France et à ses révolutions, vécut à Dublin, vingt-huit ans, fort estimé du peuple et de la noblesse, malgré ses nombreuses fautes. On lui avait tout pardonné, parce qu'il avait tout aimé. Sa

femme lui survécut de quelques années.
Femme adorable ; ange de douceur, de modestie et de bonté : ainsi s'exprime son épitaphe au cimetière de Dublin ; et, chose merveilleuse, l'épitaphe ne ment pas !

Rentrons dans 1835, époque où commence cette simple histoire, plus claire que le jour, comme toutes les histoires de nuits, et qui renferme de graves leçons.

En ce temps-là, florissait aussi à Dublin un jeune écossais de trente ans, nommé par conséquent Macdougall. Notre héros, indigent et noble par ses ayeux, tourmenté de l'appétit de l'or, et ne pouvant extraire que du vieux fer de sa claymore rouillée, était descendu de ses montagnes pour se mettre à la hauteur du siècle. Macdougall, aquilin et rusé comme tous les montagnards, avait voulu ajouter quelque chose encore à sa perspicacité naturelle, en étudiant le cœur humain dans Adisson et Walter-Scott. Avec ce double trésor d'expérience, armé pour l'attaque, cuirassé pour la défense, il ne craignait ni la perfidie de l'homme, ni la grâce de la femme, et il courait à la fortune en chemin de fer.

Encore un voyage de Kingstown à la Nouvelle-Orléans, et Macdougall était la première maison de Dublin.

De montagne en montagne, notre jeune écossais descendait de Rob-Roy. — Il y a bien encore, se disait-il, deux ou trois chefs de clans ruinés, ayant vendu leur dernier drapeau pour acheter un premier pantalon, qui pleurent sur mon déshonneur industriel ; mais lorsque je serai dix fois millionnaire, ils me chanteront leur amende honorable ; ils rougiront de ne me faire descendre que de Rob-Roy, et placeront le berceau de mes ancêtres à dix étages de brouillards plus haut, dans la famille d'Ossian.

On comprend qu'une certaine conformité de naissance et de fortune avait étroitement lié, à leur première entrevue, le descendant de Rob-Roy et le fils du gentilhomme Parisien mésallié. Macdougall, après une intimité fort longue, et ses études sur le cœur humain, connaissait à fond toutes les vertus d'Albin de Servian, et, dans l'occasion, il exploitait ces vertus comme on exploite des vices. Servian recevait toutes les confidences du jeune écossais à l'exception d'une seule. Servian ignorait que Macdougall, pour se distraire de ses occupations industrielles, se rendait clandestinement tous les soirs dans les coulisses du théâtre Royal, pour saluer une jeune artiste, adorée de Dublin, mademoiselle Cora, première chanteuse, qui parlait fort bien et chantait faux. La salle s'écroulait sous un tonnerre de *houra*, lorsque l'actrice favorite avait l'intention de chanter la romance de *Fra-Diavolo*,

Look on this Hill.

Auber, le charmant père de cette musique, n'aurait pas reconnu sa fille, dans le gosier de mademoiselle Cora ; mais le jeune Macdougall qui n'avait entendu que les voix enrhumées des bardes d'Ossian, s'extasiait de bonheur devant les faussetés mélodieuses de la première cantatrice de Dublin.

A côté de ce caprice, Macdougall entretenait une habitude qui, de jour en jour, s'élevait à la hauteur de la passion. On parlait beaucoup alors d'une jeune veuve, connue sous le nom de mistress Lavinia. Elle était citée, à Dublin, comme le modèle des veuves, et beaucoup de jeunes demoiselles, en écoutant cet éloge perpétuel, faisaient, dans leur candide cœur, des vœux naïfs, pour mériter un jour le même éloge. Mistress Lavinia se donnait vingt-six ans, deux ans de moins que son acte de naissance, soustraction raisonnable pour une veuve ; elle avait une taille suave de ciselure, un visage de chérubin déguisé en femme, un pied espagnol, des cheveux noirs de haute futaie, des yeux couleur de la baie de Dublin, quand elle est calme ; et tous ces charmes étaient encore relevés par cette grâce naturelle que le même maître enseigne à leur insu à toutes les jolies femmes de l'univers.

Lavinia ne manquait jamais de visiter tous les jours le tombeau de son époux ; là, elle se recueillait pieusement, et ce devoir rempli, elle rentrait dans la ville des vivants, en reprenant à la porte le sourire mondain qu'elle y avait déposé.

Le veuvage est une position fort difficile à tenir, par la faute de l'antiquité. Voici encore un paradoxe : l'antiquité n'a fait que des sottises; nous l'excusons parce qu'elle était jeune de son temps, et sans expérience. L'antiquité avait une belle occasion de placer l'état de veuvage dans des conditions humaines et acceptables; au lieu de cela, qu'a-t-elle fait ? Elle a inventé une veuve : Artémise, laquelle non contente d'élever à son époux, le roi Mausole, un mausolée de cinquante millions de notre monnaie, ce qui était déjà un exemple inimitable, avait encore contracté l'habitude d'avaler chaque matin une cuillerée des cendres de son mari. En posant le veuvage sur ce terrain, l'antiquité a jeté le découragement dans le cœur de toutes les veuves à venir. Aucune veuve n'ose entrer en concurrence avec Artémise. Les veuves qui seraient disposées à élever un tombeau de cinquante millions, reculent devant la cuillerée quotidienne : d'ailleurs, pour avaler des cendres de mari, il faut brûler un mari, et le bûcher est supprimé par l'administration des pompes funèbres. Que font alors les veuves? elles volent à de secondes noces, lorsque le deuil de la robe est expiré. C'est la faute d'Artémise; il fallait inventer une autre Artémise, élevant un tombeau d'argile à peu de frais, laissant les cendres conjugales dans l'urne, portant une robe d'Érèbe toute la vie, et conservant le nom de son époux jusqu'à la mort. Cette simplicité de douleur n'aurait découragé personne, et toutes les veuves restaient fidèles, par imitation facile, à la mémoire des morts. Quand une femme accomplit un pénible devoir, elle trouve sans doute sa plus belle récompense en elle-même; cependant elle n'est pas fâchée de trouver sur ses pas un petit bruit d'admiration. Or, de nos jours, une veuve qui voudrait unir la satisfaction du devoir privé, et l'encens de l'hommage public, serait forcée de bâtir deux mausolées, et d'avaler deux cuillerées de cendres à son repas du matin. Il est beaucoup plus simple de se remarier au temps légal. Soyons indulgents, nous, dans notre sexe trop rigide envers les femmes. Si les hommes pouvaient être *veuves*, ils se remarieraient tous avant l'expiration du deuil.

Ces réflexions établies, j'annonce avec moins de peine à mes lecteurs le mariage de Macdougall avec mistress Lavinia.

Un jour, en revenant de sa visite ordinaire au tombeau de son mari, la belle irlandaise rencontra, devant Phœnix-Park, un équipage superbe, chargé de deux nègres et d'un cocher poudré. On disait, parmi le peuple : voilà le nouvel équipage du riche Macdougall.

Ces paroles si simples frappèrent vivement la veuve inconsolable. Depuis deux mois, elle recevait les respectueuses visites de Macdougall, et elle détournait avec beaucoup d'art la conversation vers un sujet quelconque, lorsque le jeune écossais la plaçait sur le terrain délicat du mariage.

La rencontre de *Phœnix-Park* bouleversa Lavinia, et humanisa sa douleur. Ce doit être bien doux pour une jeune femme, — pensa-t-elle avec l'aide du démon, — de descendre de voiture devant un palais de *Sakeville-Street*, et d'avoir deux nègres pour marchepied !

Nous aurions tous accusé notre mère Ève, si elle avait oublié ses devoirs pour un châle de cachemire ou un équipage orné de deux nègres; mais Ève ne devait pas nous exposer aux horreurs de l'hiver de 1845, pour un mauvais fruit normand, intolérable avant l'invention de la Charlotte, et du sucre raffiné.

Nous excusons tous la faiblesse de mistress Lavinia.

Ce jour-là même, lorsque Macdougall prononça lentement les voluptueuses syllabes du mot mariage, Lavinia pensa aux deux *grooms* du Sénégal, et baissant ses yeux d'un vert lumineux sur son fichu agité, elle ne répondit pas.

Le silence est la plus désirable des réponses, en certaines occasions.

En haine des détails intermédiaires, et des froides transitions, j'arrive au commencement de cette histoire. Ma préface est déjà intolérable de longueur.

Le mariage était donc décidé.

LES ADIEUX.

II

Macdougall n'avait plus qu'un dernier voyage à faire à la Nouvelle-Orléans, pour une superbe opération de haute contrebande, en papelines de Dublin. Entre Américains et Anglais, la contrebande est une vertu. Toute morale change selon les lieux et les époques. Alexandre-le-Grand a inventé la contrebande, il rapporta de l'Inde à Babylone, sans payer les droits, une immense cargaison d'étoffes de Cachemire et du Gange; et Alexandre est honoré comme un Dieu, en rhétorique. Macdougall avait expliqué Quinte-Curce à l'université d'Édimbourg, et il se souvenait toujours des paroles de son professeur; ô! *young men follow the steps of Alexander!* ô! *jeunes gens suivez les traces d'Alexandre!* et le docile Macdougall suivait les traces du héros. Les professeurs doivent bien peser leurs paroles dans les universités.

Avant de s'embarquer à Kingstown,

Macdougall proposa timidement à mistress Lavinia de célébrer la cérémonie des fiançailles, selon le rit écossais.

Alors une voix douce glissa sur deux lèvres de velours, et dit : monsieur Macdougall, les fiançailles portent malheur, on ne se fiance plus depuis la Lucie de Lamermoor, dès qu'on est fiancé on ne se marie pas.

— Adorable ! s'écria l'heureux Macdougall : lorsque deux cœurs s'entendent et se comprennent, ils sont fiancés, vous avez raison, Madame.... quel jour expire votre deuil ?

— Le vingt-quatre de ce mois, à six heures et demie du matin.

— A mon retour de la Nouvelle-Orléans, je vous trouverai donc avec vos robes de joie et de fête.

— J'attends de Londres deux robes de mousseline blanche; elles sont commandées chez Everington.

On se fit des adieux entremêlés de respect et de tendresse, et Macdougall se dirigea sur le quai du port où l'attendait son austère ami Albin de Servian.

— C'est un simple voyage de deux petits mois, mon cher Albin, dit Macdougall, j'arrive, je vends, j'achète, je repars. Lavinia est adorable. Quelle candeur! quelle douceur! quelle naïveté! si je n'avais pas connu son mari, je ne la croirais pas veuve. Langage et maintien de pensionnaire, avec des préjugés de jeune fille.

mon cher Albin, je lui ai annoncé tes visites; elle te recevra comme un frère, à toute heure du jour, et du soir. Lavinia est grave; au fond, c'est un esprit sérieux. Ce sont les sociétés que tu recherches toi, il faudra lui parler de choses sérieuses; lui faire des lectures substantielles, tu as un beau devoir à remplir, deux mois, ce n'est pas long..... Albin, tu m'as bien entendu?

— Et bien compris — dit Albin avec l'accent austère de son naturel — J'accepte ce devoir, il est doux à mon cœur, l'amitié a souvent des obligations à remplir envers l'amour, heureux d'avoir échappé aux orages des passions, je n'ai pas l'intolérance et la rigidité de mon caractère, je ne veux partager que les souffrances, et jamais les plaisirs de ceux qui me sont chers. Voilà ma seule volupté dans ce monde. Je bénis le ciel et ma mère qui m'ont fait ainsi, oui, en ce siècle de corruption et de sensualisme matériel, on éprouve une certaine douceur à s'interroger, et à se dire en toute humilité, si je ne suis pas meilleur que les autres, du moins je ne leur ressemble pas. Adieu, Macdougall, partez, allez au-delà des mers, mon esprit et mon amitié vous suivront. La femme que vous avez choisie pour votre compagne est jeune et naïve. Ces qualités ont leurs périls, ne pouvant placer auprès d'elle un second ange gardien, vous placez un ami. J'espère que vous ne regretterez pas l'ange. Adieu, Macdougall.

Albin de Servian était saisi d'une émotion véritable, sa figure, son regard, son accent respiraient la franchise et la conviction. La gravité de son maintien avait quelque chose de séraphique, on aurait cru entendre la voix d'une mère parlant à son fils bien aimé.

C'était une grande consolation pour Macdougall, au milieu des cuisantes douleurs d'un pareil départ, de confier une femme adorée à un pareil ami, jeune homme déjà mûr, austère dans ses mœurs jusqu'à la rigidité ; n'égligé dans son maintien et son costume, comme un philosophe qui n'a rien à conquérir en ce monde, que vertu.

Le dernier adieu de Macdougall fut accompagné de cette recommandation ; Albin, songe à l'affaire du tombeau, dont je t'ai parlé l'autre jour.

Albin fit un signe de tête affirmatif, et voila ses yeux pour cacher ses larmes.

Quelle était cette affaire du tombeau, dernière pensée de Macdougall partant pour l'autre monde ?

Une étourderie chronique du sculpteur tumulaire de Dublin avait ajouté à la nomenclature obligée des vertus du mari de Lavinia, ce refrain si connu : *Sa veuve inconsolable lui a élevé ce monument.*

Souvent dans les derniers entretiens, la

candide Lavinia, baissant le front, disait à Macdougall, avec un sourire traversé d'une larme, que la fin de cette épitaphe lui donnait quelque scrupule, et que cela lui servirait de leçon pour une autre fois.

Macdougall trop amoureux pour s'arrêter à cette dernière réflexion alarmante et naïve à la fois, ne songeait qu'à faire disparaître le mot devenu menteur, qui troublait la conscience de sa femme future, de la veuve consolée.

Albin de Servian, toujours sérieux et dévoué dans ses paroles et ses actions, toujours accomplissant une œuvre avec ce soin scrupuleux et fervent qui fait de l'amitié une seconde religion, se rendit sans perdre un instant à l'enclos funèbre où était le tombeau du mari de Lavinia, et arrêta un plan nouveau qui en changeait les dispositions. Hélas! s'écria le sage Albin, en joignant ses mains, et secouant la tête avec mélancolie : — Voilà bien dans tout son relief désolant la folie de la sagesse humaine! oui, oui, promettez-vous bien de toujours pleurer; ô femmes frivoles! un jour vient où ce marbre aussi froid que votre cœur, vous donne un démenti. Nos yeux ont peu de larmes, et personne ne nous en prête quand le réservoir est épuisé. Alors, il faut rire, et c'est une épitaphe qui pleure pour nous!

Le tombeau du mari de Lavinia était d'ailleurs fort simple; une longue dalle de marbre, horizontalement placée sur un tertre de gazon, et une épitaphe racontant en style lapidaire, les vertus que le défunt avait demandées toute sa vie au ciel.

Albin de Servian se rendit chez le sculpteur, et choisit un beau sarcophage d'occasion qu'il paya sans marchander. Il fit graver sur le plus large côté le nom et les vertus du défunt, entre deux statues de femmes éplorées, sous leurs cheveux, et conseilla d'ajouter une arabesque de larmes en ronde-bosse, pour encadrement.

Le lendemain, avant le lever du soleil, le mari de Lavinia reposait dans le plus beau sépulcre de Dublin. Le sage Servian présida aux opérations de maçonnerie, et sa figure se décomposait de tristesse noire, en entendant les ouvriers parler ainsi : Voilà une excellente dame, et une sainte veuve ! nous la connaissons mistress Lavinia, aussi belle que douce. Pauvre femme ! Quand son mari est mort, elle était si pauvre, qu'elle n'a pu nous faire gagner que trois shillings à chacun pour le premier tombeau ; mais elle a fait des économies : elle a vendu jusqu'à son anneau de mariage pour nous faire travailler à ce beau marbre, à dix shillings, prix convenu. Beni soit Dieu et saint Patrick ! les maris sont heureux en mourant quand ils laissent des veuves comme celle-là.

Après avoir donné ses derniers ordres, Albin de Servian quitta ce chantier funèbre, et fit une promenade sur *Stephen-*

Bridge, pour méditer sur les misères du cœur humain. Il appartenait à la secte des lakistes, secte paisible qui ne donne aucune inquiétude au gouvernement, et regarde en pitié toutes les choses civiles, militaires et politiques du monde constitutionnel. A cette époque, les lakistes des trois royaumes étaient convoqués à une séance solennelle aux bords du lac de Killarney. On voyait les grandes routes sillonnées de pélerins dont le front était ridé par la méditation, comme le miroir d'un lac. C'étaient d'honorables lakistes, philosophes nomades, qui se rendaient au *meeting* quinquennal, dans le comté de Kerry, patrie des lacs supérieurs. Le lakiste est un penseur isolé, pendant cinq ans, mais ce période révolu, il se met en congrégation ambulante et va méditer avec ses confrères sur les abîmes granitiques du lac de Killarney.

Sur un trottoir du pont de Sthephen, Albin de Servian côtoya un lakiste de ses amis, nommé Luke O'Farrell, lequel se rendait au meeting de Killarney. Ils se serrèrent la main et engagèrent un entretien fort court, car le pélerin avait fait vœu de ne jamais s'arrêter que sur le bord d'un lac, et il avait les ponts en horreur, parce qu'il n'y a de ponts que sur les rivières, et jamais sur les lacs.

— Avez-vous ceint vos reins pour le voyage? demanda Luke O'Farrell.

— Je vais les ceindre, répondit Albin

de Servian, et j'espère arriver peu de jours après.

— Nous serons nombreux cette année, dit Luke; nous interrogerons le grand lac, et nous arracherons peut-être une vérité secrète à la nature. Le lac parlera.

— Si la vérité descend un jour ici bas, dit Albin, elle choisira notre Irlande, *cette première fleur de la terre, cette première perle de la mer*, comme dit l'hymne sacré.

— Allons où est la vérité, dit Luke; elle est dans l'abîme de la méditation.

Et Luke O'Farrell, craignant de manquer le *meeting*, salua froidement son ami et continua sa marche vers les lacs supérieurs, en jetant un dernier regard de mépris sur le pont.

Albin de Servian le suivit longtemps des yeux, dans une attitude d'admiration respectueuse, et après avoir donné ses ordres à son domestique pour un voyage au lac de Killarney, en chaise de poste, il se dirigea vers la modeste maison de mistress Lavinia, car il avait de pieux devoirs à remplir envers la future épouse de son ami.

LE RÊVE.

III

L'ameublement du salon de mistress Lavinia rendait hommage à la vertu de la belle veuve. Les quatre murs attendaient tous quelque chose d'indispensable ; mais lorsque la jeune femme entrait dans ce salon modeste, on oubliait tout ce que le tapissier avait oublié; on ne regardait qu'elle. Les panneaux resplendissaient d'or et de lapis-lazzuli, comme au boudoir du palais Serra.

Au reste, notre sage Albin de Servian n'était pas homme à perdre un regard sur un meuble de bois de sapin ou d'acajou. Sa pensée était trop grave pour descendre à ces bagatelles. Il causait avec Lavinia, et ses yeux fixement attachés à la ceinture de la jeune veuve, remontaient, à longs intervalles jusqu'à son visage. En France, on aurait dit, c'est un trappiste; en Irlande, un quaker.

— Cela vous amuse donc beaucoup, ces voyages au lac de Killarney? — disait la veuve, en croisant ses bras, et faisant tomber en arrière deux cascades de cheveux, dans un mouvement de tête enfantin.

— C'est un pélerinage qu'il faut que j'accomplisse, madame; ne faut-il pas faire quelque chose pour l'âme, dans ce monde sensuel, où la créature ne pense qu'à son corps?

— A votre âge, monsieur de Servian, vous parlez déjà comme un vieillard. C'est triste.

— La vieillesse commence à notre berceau, madame. Un berceau est souvent une tombe.

— Parlez-vous toujours sur le même ton, monsieur de Servian?

— Je parle comme pense mon âme. La bouche doit être toujours l'organe du cœur.

— Viendrez-vous me revoir, monsieur de Servian, après votre pélerinage au lac de Killarney?

— Tous les jours, madame. J'en ai pris l'engagement avec celui qui doit être votre époux. Madame, nous habitons un monde plein de mensonges, de déceptions et de frivolités. Tous ces vices portent un visage et un nom, quelquefois un titre. Eh bien! je vous félicite de ne pas avoir égaré votre choix d'épouse sur une tête indigne. Macdougall est un honnête homme, et si le bonheur n'est pas une chimère inventée par les malheureux, vous serez heureuse avec Macdougall.

— Mais je l'espère bien ainsi, monsieur de Servian. Je resterais veuve si je ne l'espérais pas.

— Excusez mon indiscrétion, madame ; avez-vous été heureuse avec votre premier mari?

— Oh! nous avons vécu si peu de temps ensemble, que je n'ai pas eu le temps d'être heureuse ou malheureuse. Mon mari a fait trois voyages aux Indes, en six ans. J'étais souvent veuve avant sa mort.

— Quelle charmante naïveté!

— Cependant, monsieur, j'avais bien juré de ne jamais me remarier.

— Juré solennellement, madame?

— Oh! non.... vous savez... ce sont des choses que les femmes se disent quelquefois, dans un moment de chagrin.... Un matin, là.... devant mon miroir, en arrangeant mes cheveux.... il pleuvait à torrents.... c'était au mois d'octobre; j'avais sonné trois fois ma femme de chambre... il me prit un accès de vapeur, et je me mis à crier comme une folle : non je ne me marierai plus !.... C'est sans conséquence, comme vous voyez.

— Oui, cela n'engage à rien. C'est un moment d'humeur contre la vie... je croyais que vous aviez pris quelque engagement avec votre défunt époux....

— Ah! ceux qui vous ont dit cela vous

ont fait un affreux mensonge, monsieur de Servian ! — dit la jeune femme avec une vivacité singulière qui contrastait avec son indolence naturelle.

— Personne ne m'a parlé, madame.

— Je n'ai rien promis à mon mari.... écoutez-moi, monsieur de Servian, puisque nous sommes sur ce chapitre... vous êtes un homme grave, vous... et vous allez me juger. Il faut que je dise tout, moi, c'est mon caractère; je ne puis rien garder... eh! quel souvenir!... mon mari était agonisant; je me tenais debout auprès de son lit... Il me dit : Chère Lavinia, promets-moi de ne jamais te remarier... Je ne sais pas trop ce que j'allais répondre à mon mari, mais je sais que je ne répondis rien. Au même moment, je fus entraînée malgré moi, par des personnes de ma famille, dans une salle voisine, et je ne parlai plus que le lendemain... dans la nuit, mon mari était mort.

— Peut-être auriez-vous promis, madame...

— C'est possible, mais je n'ai rien promis.

— En êtes-vous bien sûre, madame?

— Est-ce qu'une femme oublie ces choses-là, monsieur?

— Au reste, pardonnez-moi d'avoir mis la conversation sur un sujet aussi triste... Je sais, madame, que vous aimez les lectures graves et substantielles, et j'ai apporté tout exprès pour vous, la *Revue de*

Belfust, dans laquelle on trouve aujourd'hui un article du plus haut intérêt.... Permettez-vous, madame, que je vous fasse cette lecture ?

— Pourquoi pas ? Si cela vous amuse un instant... lisez, lisez, mon cher monsieur.

— C'est un article du célèbre Fullerton... Vous connaissez les ouvrages de Fullerton?

— Lisez toujours, monsieur de Servian.... De quoi parle le célèbre Fullerton dans cette revue?

— Fullerton, madame, traite comme vous savez, les hautes questions de métaphysique. Son dernier article est intitulé : *Fonctions de l'âme dans les rêves.*

— Justement, monsieur de Servian, j'ai fait un rêve cette nuit, — dit la belle veuve, en écartant ses cheveux avec ses doigts d'ivoire, comme pour donner à son front la fraîcheur et la liberté du souvenir.

— Nous arriverons à la vérité par le rêve, madame; c'est l'opinion de Fullerton... Donc, je commence... *Fonctions de l'âme...*

— Vous ne voulez pas écouter mon rêve, monsieur de Servian?

— Oui, certes, madame... nous trouverons peut-être quelque chose de plus satisfaisant dans les théories de Fullerton... je me recueille pour mieux vous écouter.

— J'ai rêvé que j'allais me marier avec

M. Macdougall... il était vieux et très-petit, et ne ressemblait pas du tout à mon futur époux... vous savez que les rêves ôtent leurs figures aux gens, et leur laissent leurs noms...

— Mystères de l'âme ! mécanisme à rouage inconnu ! Fullerton a très-bien....

— Voulez-vous bien m'écouter, monsieur de Servian.... mais regardez-moi donc un peu en face ; est-ce que je vous fais peur ? vos yeux sont toujours sur le bout de vos pieds.

— Madame, toute chose extérieure est une distraction ; l'homme doit toujours écouter et regarder ce qui se passe en lui-même : il doit donner une audience perpétuelle à son cœur. A chaque instant du jour, de grands secrets roulent emportés dans le tourbillon de nos pensées intimes; il faut donc, à chaque instant, être prêt à saisir au vol ces secrets profonds, ensevelis dans les plus sombres recoins de notre âme.

— Ah! mon Dieu! que je vous suis obligée d'avoir fini cette phrase, monsieur de Servian... Est-ce que, par hasard, mon futur époux, M. Macdougall, parle dans le même genre? il y aurait un cas de divorce, au bout de quinze jours.

— Votre époux, madame, n'a pas adopté la métaphysique de Fullerton.

— Ah! tant mieux!

— Il appartient à la secte spiritualiste de Macbrake.

— Monsieur de Servian, il me semble qu'un mari devrait faire connaître tous ses défauts à sa femme avant de l'épouser. Pourquoi M. Macdougall ne m'a-t-il pas dit qu'il appartient à cette secte?

— Aimeriez-vous mieux qu'il appartînt à la secte intolérante d'O'Brien?

— Je voudrais qu'il appartînt à la secte de la femme qu'il doit épouser.

— Savez-vous, madame, qu'O'Brien nie l'intervention de l'âme dans le mécanisme des rêves?

— Cela m'est bien égal.

— Et qu'il se fonde sur les rêves des chiens de chasse, qui aboient au cerf, en dormant.

— C'est vrai, j'en ai entendu...

— O'Brien proclame la glorification de la matière...

— En attendant, je ne vous ai pas conté mon rêve, monsieur de Servian.

— Ah ! pardon, madame ; excusez cette petite digression. Maintenant, j'écouterai votre rêve avec le plus grand intérêt.

LE RÊVE (suite).

IV

— Je rêvais donc que j'allais me marier avec M. Macdougall qui ne se ressemblait pas du tout à lui-même, comme dans les portraits des peintres d'Écosse. J'assistais à mon bal de noces, dans la belle maison isolée devant PhœnixPark, que mon futur mari a fait meubler pour moi, comme vous savez.

— C'est une maison superbe, madame, je l'ai visitée hier.

— Vous n'avez jamais vu de bal en rêve, monsieur de Servian?

— Ni en réalité, madame; les hommes graves ont peu de goût pour ces divertissements.

— Tant pis pour vous! Eh bien! vous saurez que mon bal était magnifique. Le vice-roi n'en donne pas de plus beau. Il y avait un escalier, au fond d'une galerie, avec deux balustrades de cristal, et des arcades de fleurs; et je voyais monter par cet escalier, et s'élancer dans la galerie toutes nos belles irlandaises, les pieds nus, et les cheveux tressés dans des torsades de diamants. Toutes ces femmes couraient devant moi, me souriaient, et faisaient glisser leurs lèvres sur mon front. Il n'y avait pas de lustres, pas de bougies, et la clarté du bal était plus brillante que le jour du soleil. Cette clarté semblait sortir des larges miroirs qui tapissaient le mur, et dans lesquels je voyais tourbillonner à l'infini des têtes d'anges, des éclairs de pierreries, des sourires célestes, des nuages de cheveux. Un danseur est venu m'engager ; il se courbait devant moi, je ne voyais que son front ; un front pâle comme l'ivoire dépoli, et garni de petites touffes d'herbes grasses. Quand il s'est relevé, je l'ai reconnu, et des frissons aigus ont brûlé les racines de mes ongles et de mes cheveux. C'était mon mari!... le mort!... J'ai voulu quitter mon fauteuil pour le suivre ; impossible. Mon corps était comme un bloc de pierre ; je n'ai pu me remuer. Une voix sourde, mêlée à un craquement de squelette, m'a dit : Allons, madame, suivez-moi.... J'ai fait un effort violent, je me suis levée, au milieu des éclats de rire du bal. J'étais tout habillée de haillons et de guenilles tachés de boue, comme la pauvre Anna qui demande l'aumône devant l'église de saint Patrick. J'ai poussé un cri de honte, un cri désolant qui m'a réveillée en sursaut, comme si j'avais reçu un coup de masse de fer sur le front, et en ouvrant les yeux, j'ai vu luire le premier rayon de l'aube dans les rideaux de mon lit, ce qui m'a plus effrayée que mon rêve; il me semblait que des fantômes blancs, rangés en cercle, assistaient, en riant, à mon réveil.

Pendant ce récit, Albin de Servian n'avait pas cessé de regarder la pointe de ses pieds, en déroulant machinalement les feuillets de la *Revue de Belfast*.

Après une courte pause, la jeune veuve lui dit :

— Eh bien ! monsieur de Servian, que dites-vous de ce songe ?

— Ce songe, madame, dit Servian, toujours les yeux sur ses pieds, — ce songe doit être classé dans l'espèce des rêves que

Fullerton nomme *les rêves de forte préoccupation mentale.*

— Eh bien ! alors, qu'arrive-t-il, quand on l'a classé comme cela ?

— Il n'arrive rien. Le devoir de la science psychologique est de classer. Ce devoir accompli, l'homme doit se taire et respecter les arcanes de la nature.

— Moi, monsieur de Servian, je ne veux pas me taire, et je crois que ce songe signifie quelque chose.

— Cela vous est permis, madame ; mais la science est inflexible ; elle n'a de complaisance pour personne, pas même pour vous, madame.

— Enfin, monsieur de Servian, vous venez de m'adresser quelque chose qui ressemble à un compliment. Il paraît que vous ne gâtez pas les femmes par la galanterie, vous.

— Je respecte infiniment les femmes ; je les honore, je les protège, je les conseille, et je ne les flatte jamais.

— Vous n'avez jamais eu envie de vous marier, monsieur de Servian ?

— Jamais, madame ; j'ai longtemps réfléchi sur le mariage ; et j'ai admis invinciblement que la tranquille association de deux existences était un fait impossible dans sa continuité. Un homme apporte à la communauté sa force, sa domination, sa gravité, son caractère anguleux ; une femme apporte sa faiblesse, sa légèreté, sa soumission, ses caprices enfantins, son caractère arrondi. Ces éléments opposés ne peuvent faire un tout viable; au premier pas, il y a choc, violente secousse, antagonisme, perturbation. Voilà ce que tous les esprits sérieux ont reconnu.

— Et alors, monsieur de Servian, les esprits sérieux ne se marient pas?

— On a vu, madame, des esprits sérieux se marier; mais dans un noble but, dans une intention toute philosophique. Ceux-là se sont dévoués pour étudier le mariage, avec leurs propres yeux, et faire servir leur expérience personnelle, à la cause de l'humanité conjugale. Ames d'élite qui ne se dissimulaient point les périls de l'entreprise, et bravaient les orages de l'hymen, pour les signaler à l'univers.

Ainsi, de hardis navigateurs se lancent sur une mer inconnue, pour en découvrir les écueils, à leurs risques et périls, et les faire remarquer aux pilotes qui voguent sur les mêmes flots. Les cœurs généreux se dévouent au mariage, comme à la navigation.

— Et vous, monsieur de Servian, vous n'êtes pas tenté de vous dévouer, comme ces cœurs généreux ?

— La vocation me manque, madame; je laisse cette noble mission à de meilleurs que moi.

Albin de Servian prononçait toutes ces paroles avec une solennité sacerdotale, et ses yeux presque toujours fermés, ou fixés sur ses pieds, ne s'ouvraient mollement qu'à de longs intervalles, pour regarder le plafond, à défaut du ciel.

UN ARTICLE DE FULLERTON.

v

La coquetterie est une qualité peu connue des dames irlandaises. Cependant, il est des occasions où l'instinct de la femme se réveille, à son insu; alors la moins coquette fait un progrès immense, dans son art naturel, à la première leçon qu'elle se donne. Sans doute, notre jeune veuve, presque fiancée à un second mari, n'avait aucune idée de lui donner un concurrent, même honoraire, dans la personne d'Albin de Servian, mais elle ressentait vaguement un certain dépit mêlé de chagrin, en se trouvant dans un absurde tête-à-tête avec un homme jeune qui lui tenait des discours ennuyeux et graves, comme si elle eût été vieille, ou dépourvue d'attraits. Aux derniers mots de son pédantesque interlocuteur, elle se leva vivement, et jeta un rapide regard à son miroir, comme pour se convaincre qu'elle n'avait rien perdu de ses charmes. Un sourire de satisfaction rayonnant dans le miroir, lui prouva que sa chevelure était toujours belle, son teint toujours frais, ses yeux toujours charmants, son écrin de perles toujours de l'émail le plus pur, ses lèvres de chérubin. Albin de Servian était donc l'homme le plus froid de son sexe, puisqu'il ne daignait pas honorer d'un regard ou d'une parole cette forme éblouissante qui venait de sourire dans le cadre du miroir.

Comme tous les hommes qui, sous prétexte de gravité, vivent dans une perpétuelle contemplation d'eux-mêmes, Albin de Servian ne prêtait aucune attention aux innocentes coquetteries des femmes. Quand la belle veuve se leva, il ouvrit sa *revue de Belfats*, et chercha l'article de Fullerton — Madame, dit-il, cette lecture est maintenant de circonstance ; elle arrive tout naturellement après notre conversation ; vous goûterez beaucoup mieux la théorie ingénieuse du grand métaphysicien anglais.

— Il faut prendre son parti — murmura la jeune femme, d'un air résigné — voyons la théorie, je vous écoute, monsieur de Servian. Laissez-moi prendre dans mon fauteuil une bonne position pour vous écouter.

— Je commence, madame ?

— Commencez.

Albin de Servian se mit à psalmodier la prose nébuleuse de Fullerton, avec l'acent d'un méthodiste en prières. Le débit était lent et monotone, et faisait pressentir une lecture éternelle; uniquement faite pour les oreilles des statues d'airain.

Mistress Lavinia s'endormit.

Le lecteur, qui souvent ajoutait un commentaire aux théories de Fullerton, arrivé au passage le plus obscur, adressa une question à Lavinia — madame, dit-il, nous touchons à la fin de ce beau travail, j'arrive à une phrase qui est un véritable élixir de la pensée du maître, et qui va présenter les fantômes de la nuit, sous un jour tout nouveau. Écoutez bien et vous me répondrez franchement.

Albin lut la fameuse phrase, et ajouta : madame, avez-vous bien compris la pensée de Fullerton ?

Point de réponse; Albin de Servian répéta sa demande et la phrase; même silence.

Il fit alors violence à sa pudeur et à sa gravité habituelle, et il osa fixer un long regard sur la figure de mistress Lavinia.

De Servian qui n'avait d'étonnement et de stupéfaction que pour les mytères de la nature, et n'en accordait jamais aux vulgaires accidents de la vie, bondit sur son fauteuil, en murmurant du bord des lèvres, comme un souffle articulé, cette phrase de surprise : grand Dieu ! elle dort !

Et la Revue de Belfast s'échappa de sa main.

La même phrase fut redite en mineur, comme la même heure est répétée par une pendule à répétition, machinalement.

Troubler le sommeil d'une femme chez elle, parut à de Servian une inconvenance ; il se résigna donc à respecter ce sommeil ; il pensa même qu'il pouvait en tirer bon parti dans l'intérêt de la science, en essayant de découvrir sur la figure de la belle endormie, si quelque rêve passait dans son cerveau.

Albin se leva sur la pointe de ses pieds, avec la précaution d'une jeune mère qui craint de troubler le premier sommeil de son premier enfant, et il se mit à examiner, dans l'intérêt de la science psychologique, le doux visage de Lavinia.

C'était un tableau d'intérieur, ravissant à voir, même pour un observateur grave, habitué dès son enfance à n'étudier que le côté sérieux des questions. Lavinia ne s'était jamais exercée dans l'art de dormir gracieusement devant témoins; et à son premier essai, elle dormait comme Ève, qui avait eu pour professeur l'ange du sommeil; sa tête charmante reposait sur un massif ouaté de boucles de cheveux, comme sur un chevet d'ébène luisant; et toute la suavité de la splendide carnation irlandaise rayonnait à merveille dans ce cadre si favorable, arrangé par le hasard. L'ovale du front se dessinait avec une pureté exquise, entre deux lignes déliées de cheveux ondoyans, qui laissaient à découvert l'ivoire ciselé des oreilles; une respiration enfantine agitait mollement l'humide velours des lèvres, et l'étoffe agraffée à l'échancrure du sein.

Albin de Servian avait pris d'abord la pose de l'observateur qui procède à un examen psychologique. Les rides de la pensée en travail gerçaient son front; ses yeux à demi-fermés, pour s'affranchir de la distraction extérieure, annonçaient le recueillement de l'âme; ses bras, étroitement croisés sur sa poitrine, semblaient vouloir réchauffer et exciter sa poitrine et son cœur, pour les disposer à cette œuvre de patiente méditation. Hélas! il ne garda pas longtemps cette pose scientifique, un attrait irritant et invincible rayonnait sur le visage endormi, les bras de l'observateur se détachèrent peu-à-peu, et vinrent s'arrondir de langueur, en se liant à leur extrémité par la chaine des doigts, les rides de la pensée grave s'effacèrent sur le front, les yeux s'ouvrirent dans leur dimention surnaturelle, en s'humectant à leurs angles des pudiques larmes de l'émotion virginale. Le premier sourire humain sillonna le marbre amolli du visage métaphysicien. Albin de Servian s'interrogea, et pour la première fois la science lui fit défaut : il regarda au fond de son cœur et vit éclater dans cet abîme, une révélation psychologique dont Fullerton, O, Brien, et Mackrabe ne lui avaient jamais parlé.

LE LAKISTE S'ÉVEILLE.

VI

Une heure s'écoula dans cette contemplation délicieuse. Albin avait dormi, jusqu'à l'âge de trente-quatre ans, dans les ténèbres de la science; il se réveillait, en ce moment, aux doux rayons de mistress Lavinia.

Un bruit de roues et de chevaux ébranla le pavé voisin. Lavinia troublée dans son sommeil, ouvrit les yeux, se leva vivement, et un joyeux éclat de rire accompagna ces paroles : ah ! mon Dieu ! je crois que je me suis endormie ! excusez-moi, monsieur de Servian. Avez-vous fini votre lecture ? continuez, continuez, je n'ai presque rien perdu.

Albin cherchait le premier mot d'une réponse introuvable, lorsque la porte du salon s'ouvrit, et la femme de chambre de mistress Lavinia vint annoncer que la chaise de poste et les domestiques de mon-

sieur de Servian attendaient dans la rue —
on attendra, dit Albin.

— Ne vous dérangez pas pour moi, dit
Lavinia en courant à la fenêtre pour voir
la chaise de poste — je ne veux pas que
vous négligiez les lakistes pour moi, nous
reprendrons nos lectures, à votre retour,
ainsi, bon voyage, monsieur de Servian, ne
m'écrivez pas, soyez tout entier à votre
œuvre, le lac de Killarney vous attend.

—Oh! madame, le lac ne quittera pas
son lit — dit Albin avec son second sourire
— je ne crains pas de le manquer au rendez-vous.

— Il me semble que vous venez de faire
une espèce de plaisanterie — dit Lavinia,
ouvrant de grands yeux — sérieusement,

monsieur, dites, avez vous-essayé de plaisanter? vous vous moquez des lacs, à présent?

— Madame — dit Servian, avec une voix émue — comme il me serait impossible de répondre à la plus facile de vos questions, en ce moment, du moins, vous allez me permettre de me retirer.

— Mais, monsieur de Servian, je n'ai pas l'intention de vous retenir prisonnier.

— Adieu donc, madame, jusqu'à demain.

— Vous ne partez donc pas aujourd'hui.

— Il m'est impossible de partir aujourd'hui, madame, le jour est trop avancé.

— Vous allez vous brouiller avec les lakistes ?

— Que m'importe ! si vous me gardez un peu d'amitié.

— Monsieur de Servian, je vous préviens que vous finirez par avoir de l'esprit.

— Madame, heureux ceux qui n'en ont pas, ils ne le perdront jamais.

De Servian s'inclina respectueusement, et sortit du salon.

Dans la rue, il congédia ses domestiques et sa chaise de poste, et marcha d'un pas rapide du côté du parc, pour réfléchir sur sa situation, dans les allées solitaires de cette promenade.

Évidemment une révolution organique

s'opérait en lui; il sentait la mystérieuse infusion d'une nature nouvelle, son cerveau se dégageait d'une épaisse brume, et sa pensée légère, vive, sensuelle semblait abandonner la région des brouillards, pour courir, avec le souffle de l'été, sur le velours des pelouses, et dans les feuilles des arbres, avec les ailes des oiseaux.

Comme il poursuivait son interrogatoire, une jeune et brillante dame l'aborda familièrement, en lui adressant d'un ton leste cette question — je ne crois pas me tromper monsieur, vous êtes l'ami intime de M. Macdougall ?

— Oui, madame — répondit de Servian avec son troisième sourire, et un mouvement de tête et de torse qui s'essayait aux belles manières.

— Pardon, monsieur, veuillez bien me donner votre bras, et causons.

De Servian arrondit son bras, avec une aisance naturelle, et prit officieusement des mains de la dame inconnue, le long lacet de soie, au bout duquel aboyait un *king-charles* de la plus petite espèce.

C'était la première fois que de Servian donnait le bras à une dame, et à défaut de témoins, il étalait sa fierté de novice, devant les arbres du parc.

— Monsieur, poursuivit la dame, voyons, donnez-moi des nouvelles de votre ami Macdougall, est-il retourné en Écosse? est-il encore à Dublin?

— Madame, il est parti hier matin pour la Nouvelle-Orléans.

— Très-bien ! il est charmant M. Macdougall... ah ! il est parti !

— Je l'ai accompagné au *rail-way* de Kingston.

— Vous me connaissez, sans doute, monsieur, ainsi je puis me dispenser de vous dire mon nom.

— Excusez-moi, madame, je n'ai pas l'honneur de vous connaître.

— Vous voulez rire....?

— C'est la première fois, madame, que j'ai l'honneur de vous voir.

— Et de m'entendre ?

— Et de vous entendre aussi, madame.

— Monsieur ne va donc jamais à notre théâtre royal ?

— Jamais, madame.

— En voilà un d'original ! — s'écria la dame avec un éclat de rire qui fit rougir de Servian — comment, monsieur, vous ne connaissez pas les belles traductions anglaises de *Norma*, de *Fidelio*, de *Fra-diavolo*, de *L'ours et le pacha*, des *Puritains* ?

Non, madame — répondit Albin, avec le ton du criminel qui avoue une coupable action.

— Vous n'avez donc jamais entendu chanter par miss Cora le fameux air de Bellini :

Come dearest, the moon shines?

—Jamais, madame.

—Mais d'où diable sortez-vous donc, monsieur? vous paraissez trente ans, vous êtes un très-beau garçon, et vous ne savez rien! on n'a pas d'idée d'une pareille ignorance! vous êtes arrivé des bancs d'Oxford par le dernier paquebot? avouez; il n'y a pas de mal à cela.

Madame, c'est ainsi ; je ne sais rien, dit le savant au comble de l'humiliation.

— Mon Dieu! quelle éducation étrange on donne aux jeunes gens dans ce pays! En Italie, à l'âge de quinze ans, tous les gentilshommes sont ténors ou barytons... Comment se fait-il que Macdougall ne vous ait pas un peu civilisé? Je vous ai rencontré cent fois avec lui dans *Satreville-Strect* devant la poste... Ah! il est parti pour la Nouvelle-Orléans! et sans me dire un petit adieu! Il est très-cavalier dans ses façons d'agir, M. Macdougall! C'est un homme que j'ai comblé de politesse. Il entrait dans les coulisses comme chez lui. Souvent même, il oubliait de payer sa stalle... Sérieusement, est-ce qu'il descend de Rob-Roy?

— Oui, madame.

— On dit, monsieur, que Macdougall est riche et spirituel. Avec moi, il cache son esprit et surtout sa richesse. Au reste, je me soucie fort peu de son argent; je gagne douze cents livres par an au Théâtre-Royal, avec une représentation à bénéfice, et un congé d'un mois que je fais prospérer dans les trois grandes villes du comté de Lancastre... Mais l'argent, pour nous artistes, est la moindre des choses : je fais litière de *bancks-notes*. Ce que nous demandons aux dieux, c'est la considération. Nous voulons tenir un rang comme les pairesses et les baronnettes. Il y a une cantatrice du Théâtre-Italien de Paris, qui vient d'épouser un prince allemand... Vous savez cela, peut-être, monsieur?

— Non, madame.

— Macdougall n'est pas un prince anglais, mais il descend de Rob-Roy, c'est la première noblesse du monde. Je lui ai souvent dit : Voyons, M. Macdougall, faisons une affaire, épousez-moi. — Eh ! me répond-il toujours, je pourrais rencontrer plus mal; nous parlerons de cela. — Parlons-en, lui dis-je, puisque nous en parlons. Alors Macdougall m'objecte ses affaires, ses voyages, ses associés, la douane, que sais-je, moi? toutes sortes de choses folles pour ne pas m'épouser. Oui, cent fois, dans les coulisses, je l'ai demandé en mariage à lui-même, et il me répète toujours au bout de ses raisons, une vieille plaisanterie qu'il n'a pas inventée : — Nous nous marierons, comme on se marie au théâtre, si vous voulez, miss Cora.

— Ah! c'est abominable! dit Albin de Servian, d'un air scandalisé.

— Macdougall, mon cher monsieur, ajouta l'actrice, en jouant un air de Lucrèce, Macdougall est arriéré de cent ans dans les mœurs des coulisses. Il ne sait pas que, maintenant, dans notre profession, la sagesse et la vertu sont un métier ; la bonne conduite nous mène à la fortune, et nous donne au moins la couronne de duchesse. Quand on a le malheur d'être millionnaire et stupide comme Macdougall, on se laisse épouser par la première actrice de Dublin, une reine comme une autre, et qui veut bien consentir à descendre de son char de triomphe, pour s'allier au sang de Rob-Roy... Qu'en dites-vous, monsieur ?

— Madame, si Macdougall y consent, je ne serai pas un obstacle, moi.

— Pouvez-vous me donner son adresse à la Nouvelle-Orléans ?

— Madame, votre lettre ne le rencontrerait probablement pas, Macdougall arrive, vend ses marchandises, et nous revient.

— Un voyage de deux ou trois mois, n'est-ce pas, monsieur ?

— Trois au plus.

C'est bien ! monsieur ; nous voici à la grille, et ma voiture est avancée. Je vous remercie, monsieur de...

— De Servian.

— M. de Servian ; je suis charmée de savoir votre nom. Une prière, lorsque M. Macdougall arrivera, laissez votre carte à la porte de miss Cora, première chanteuse du Théâtre-Royal. Adieu, M. de Servian... Ah ! que vous êtes distrait ! vous emmenez mon petit chien ! donnez-le à mon valet de pied. Adieu.

De Servian salua profondément l'actrice, et s'achemina vers sa maison avec une idée qui rendait son pied léger, et son front radieux.

Nous verrons l'idée au chapitre suivant.

LE CABINET DU COMTE GODEFROY DE SERVIAN.

VII

Dans ses dernières volontés, écrites la veille de sa mort, le comte Godefroy de Servian disait à son fils : Mon cher Albin, évite les hommes, et surtout les femmes ; je crois pourtant que, fidèle au sang de ta race, tu n'écouteras que la première moitié de cette recommandation. Songe toutefois à mes derniers avis. Quand tu ressentiras les premières inquiétudes d'une passion, ouvre l'armoire grise de mon cabinet, et décachette le grand pli de parchemin scellé de mes armes, qui est fixé à un clou d'or.

Albin de Servian n'avait jamais ouvert le cabinet de son père. Il savait que l'auteur de ses jours était passé maître dans l'art des séductions, et par respect pour cette mémoire chérie, il ne voulait pas affliger ses yeux et son cœur, au spectacle de cet asile secret, où trop de choses lui rappelleraient sans doute de paternels écarts sur lesquels il fallait jeter le voile des enfants de Noë.

Ces touchantes dispositions filiales venaient de s'évanouir, ce jour-là même. Albin de Servian, frappé d'une révélation soudaine, comprit que le doux et grave naturel, héritage de sa mère, cessait de le gouverner, et qu'une crise de hasard lui rendait dans toute sa pureté le sang d'un père son meilleur ami, et son plus digne conseiller.

Rentré chez lui, il ouvrit avec une émotion inconnue, ce cabinet abandonné depuis si longtemps. On aurait dit que le maître venait d'en sortir, car toute chose était à sa place, comme de son vivant. Quatre grands pastels ornaient les murs;

ils représentaient Cupidon décochant une flèche au Dieu Mars ; les colombes de Vénus prises au filet par Vulcain ; un grand berger chargé de poudre d'amidon et de rubans bleus, nouant à sa houlette le mouchoir de percale, brodé par sa bergère, la bergère de ce berger, nouant à sa houlette un ruban bleu.

Sur la cheminée, s'élargissait une pendule de cuivre doré, représentant une forêt d'arbres en fils de laiton, traversée par un vol de cœurs ailés. Cupidon, déguisé en chasseur, perçait tous ces cœurs à coups de flèches avec un sourire malin. Sur le soubassement de marbre, on lisait un quatrain qui avait procuré à l'auteur une pension de quinze cents livres, et un appartement de six pièces à l'hôtel Conti. Voici ce chef-d'œuvre :

> O petit Dieu malin qu'on adore à Cythère,
> Toi, redouté partout, et toi qui ne crains rien,
> Si tu pouvais percer le cœur de ma bergère,
> Je te pardonnerais d'avoir percé le mien.

Aux deux côtés de la cheminée, on voyait deux petits portraits; l'un de mademoiselle Clairon, dans *Zaïre*, représentée au moment où elle dit : *De mes faibles appas;* l'autre de madame Brizard, dans *OEnone*, au moment où elle dit à Phèdre :

> Votre flamme devient une flamme ordinaire.

Derrière la pendule, s'inclinait un large miroir qui avait perdu l'habitude de refléter les objets ; il était surmonté d'un berger et d'une bergère, offrant un agneau à Cupidon.

Douze fauteuils en camaïeu garnissaient le soubassement du cabinet. L'artiste avait peint sur leurs dossiers douze de ces contes grivois dans lesquels le bon et naïf Lafontaine donne des leçons d'intrigue libertine pour tromper les pères, les oncles, les frères, les amants et les maris. Heureux siècle ! Nous, 1845, rougissons de notre immoralité littéraire, et corrigeons-nous !

Un bureau colossal d'acajou massif, crénelé comme une citadelle, comblait la moitié du cabinet ; aux deux extrémités de son immense corniche, s'élevaient deux ouvrages de petite sculpture en terre cuite, l'une représentant le Parnasse avec les neuf Muses, et Apollon écrasant les serpents de l'envie; l'autre, le *Panthéon de l'Amour*, avec les statuettes du cardinal de Bernis, de l'abbé Grécourt, de l'abbé de Chaulieu, de Dorat, de Gentil-Bernard et de deux autres chastes poètes qui ont chanté en épigrammes joyeuses la *Guerre des Dieux*, et la vierge d'Orléans. Heureux siècle, où le Français savait rire! Hélas!

Que notre siècle est triste! que nos poètes sont larmoyants après tant de poètes si gais! on a bien raison de nous répéter ce refrain tous les jours : Lorsque notre immoralité coule à pleins bords!

Albin de Servian prodigua des sourires de complaisance filiale à toutes ces richesses du siècle dernier, qui, pour lui, était le siècle présent. Un parfum de régence et de rouerie blasonnée s'exhalait de ce musée de Cupidon. On ne voyait aucune ligne sérieuse dans cet ameublement; tout y était bizarre, tortillé, fou, goguenard et froidement libertin; l'âme la plus candide aurait pu s'y corrompre après quelques jours en s'exilant au milieu de cette société de bergères, de figurines, de miroirs sans glace, et de fauteuils qui semblaient tous avoir quelque chose de scandaleux à raconter. Grâces à la nouvelle disposition de son esprit, Albin éprouvait un charme singulier à promener ses regards ou ses mains sur les poudreuses futilités de l'héritage paternel ; il croyait même rendre un secret hommage à la mémoire du comte Godefroy, en admirant, avec le scrupule des détails, ces magnificences que son père aima et recueillit avec tant de soin.

Cette dette légitime d'admiration filiale ayant été largement payée, Albin fit un retour sur lui-même, et regarda l'armoire grise où reposait à son clou d'or le précieux parchemin. Aussitôt l'armoire fut ouverte, et exhala un parfum âcre de papiers rongés et de vers rongeurs ; c'est l'atmosphère vénérable des reliquaires de famille, et de Servian le respira quelque temps avec une volupté d'archéologue. Le panneau intérieur de la porte était illustré de médaillons qui frappèrent le candide de Servian. Il y avait un quatrain au-dessous de chaque peinture, presque tous signés de noms célèbres; ainsi :

Si je dis qu'elle est la plus belle
Des bergères de ce hameau,
Je n'aurai rien dit de nouveau;
Ce n'est un secret que pour elle.

DE FLORIAN.

Quand on sait aimer et plaire,
A-t-on besoin d'autre bien ?
Rends-moi ton cœur, ma bergère,
Colin t'a rendu le sien.

J.-J. ROUSSEAU.

Que ne suis-je la fougère,
Où, sur le soir d'un beau jour,
Vient reposer ma bergère
Sous les ailes de l'amour !

MONTESQUIEU.

> C'est l'aimable et jeune bergère
> Par qui, sous les lois de Cithère,
> Je servis, engagé par mes premiers serments,
> Reviendront-ils, hélas! de semblables moments?
>
> La Fontaine.

Etc., etc., etc., toujours avec des bergères.

Ah! mon Dieu! s'écria, quoique seul, de Servian; tous ces grands hommes-là ont aimé des bergères! quel horrible goût! Et sans doute, ils faisaient des folies pour elles, puisqu'ils leur adressaient des vers! Et qu'auraient-ils donc fait, s'ils avaient connu mistress Lavinia! Et mon père, mon noble père, lui aussi a fréquenté des laiteries et des étables! oh! combien son cœur paternel serait réjoui, s'il voyait son fils élever ses amours jusqu'aux grandes dames ; aux femmes de velours et de dentelles ; aux femmes qui ont des doigts mignons, polis, et parfumés sous les gants !... Que de duels mon père doit avoir eus avec des bergers ! un gentilhomme ! respect à sa mémoire ! Si je me montre, quelque jour, digne de lui, je ne ferai pas mes premières armes dans une bergerie, entre une pauvre fille et des moutons.

Disant cela, il détacha le parchemin, le baisa respectueusement, et rompit le sceau. Des larmes inondèrent ses joues ; il reconnut l'écriture de son père, et il lui sembla qu'il décachetait une lettre écrite le matin. Le caractère du défunt comte revivait tout entier dans ce manuscrit.

C'était bien le style épistolaire de ce cabinet.

Albin de Servian la lut avec une lenteur friande. A chaque ligne, la transmission de l'âme paternelle s'opérait en lui ; il n'avait déjà plus rien de ce que lui avait laissé sa mère. Albin sentait son nouvel instinct se développer et grandir : encore quelques occasions auxiliaires et il se jugeait digne de continuer le galant comte Godefroy de Servian.

Voici les conseils :

« Quand tu ouvriras cette lettre, mon cher fils, tu seras tourmenté légèrement par une pensée de galanterie. C'est convenu entre nous.

» Ah ! si je vivais, je te donnerais une

bonne leçon *ex professo*, et ta bergère serait à tes pieds, douce comme un agneau.

» Mais j'ai le malheur d'être mort, hélas! et dans ma position, il est assez difficile de diriger les pas d'un jeune et novice desservant de Cypris.

» Un premier amour est comme un premier combat; il faut vaincre à tout prix. Si tu es battu dans un premier engagement, les hommes se moqueront de toi, et les femmes ne t'estimeront pas. Songe à gagner l'estime des femmes, mon fils. Ne sois jamais envieux; c'est un vilain défaut. Il vaut mieux être envié.

» Si tu es en rivalité d'amour avec un ami, il faut que l'un des deux ait du bon sens, à condition que ce ne sera pas toi.

» Ne te hâte pas de dévoiler ton caractère à la femme que tu veux aimer : attends de connaître le sien, et c'est celui que tu te donneras. Si elle est vive, tu seras vif; si elle est douce, tu seras calme; si elle est mélancolique, tu seras triste. Il n'y a qu'une exception : si elle parle beaucoup, sois muet et écoute; si elle parle peu, parle toujours.

» Ne commets pas la faute de t'élever trop haut dans son estime, à votre première entrevue; le lendemain tu serais obligé de descendre. Suis la marche contraire. En 1786, j'aimais une bergère charmante dont j'ai oublié le nom; mais je n'ai pas oublié que M. Louvet de Couvray me la souffla. Maintenant que je suis mort, je puis avouer hautement que j'avais autant d'esprit que M. Louvet : mais le drôle était plus rusé que moi en amour. Nous commençâmes notre attaque, le même jour, lui à midi, moi à cinq heures du soir. Je dépensai dans ce premier assaut une centaine de saillies du meilleur aloi, et une foule de madrigaux. Que diable! on ne peut pas avoir, tous les jours, cette artillerie d'esprit dans son arsenal ! Le lendemain, je réduisis mes madrigaux et mes saillies à moitié; et ma décadence suivit cette même proportion. M. de Louvet avait procédé tout différemment. A sa première visite, il fut vulgaire comme un bourgeois du Tiers : de sorte qu'arriva le jour où nous nous rencontrâmes tous deux chez notre belle, lui rayonnant, moi éteint. Le lendemain, un valet de la bergère me pria d'oublier le numéro de la maison. Je fis incontinent rosser ce valet par le mien, et j'attendis M. de Louvet sous le réverbère des Théatins, où je lui donnai un coup d'épée au bras droit. Nous nous embrassâmes, et tout fut dit.

» Que cela te serve de leçon, mon fils! Les fautes des pères font les vertus des enfants.

» Mon cher fils, ne redoute pas les femmes, mais fais toujours semblant de les redouter. Elles aiment à voir trembler les hommes. Habitue-toi à trembler dans les moments de loisir. Ne crains pas les flèches de Cupidon, elles ont du velours à la pointe. Tu es riche, eh bien ! suis la profession de ton père, adore la beauté. Regrette tous les instants perdus loin des amours.

» Fils du comte Godefroy de Servian, ne dégénère jamais! regarde nos armes. Notre maison *porte d'argent, au tison enflammé de gueules en pal;* avec cette devise : *Flamme aux belles, torches aux ennemis!* Albin, souviens-toi toujours de ton père, et honore sa mémoire et son blason. »

Après cette lecture, la transformation était complète. L'âme du père était toute dans le corps du fils.

Albin se fit subir un dernier interrogatoire, et il retira de son cœur la conviction qu'il était à la veille d'être amoureux de mistress Lavinia.

Une terrible réflexion, jusqu'à ce moment inédite, le cloua par les pieds sur le le tapis, au moment où il allait consulter un miroir pour connaître sa figure et son costume, choses auxquelles il n'avait jamais songé quand il était métaphysicien.

Cette réflexion se serait présentée à un autre, assez naturellement; mais Albin était un être exceptionnel dans une position exceptionnelle. Si mon héros eût ressemblé au vulgaire, je n'écrirais pas son histoire en ce moment.

Mistress Lavinia — se dit Albin dans un monologue mental — doit se marier dans trois mois avec Macdougall : et Macdougall est mon ami. Il me semble que le code paternel n'a pas prévu ce cas.

Il réfléchit en posant le bout de l'index de sa main droite entre ses dents; ce qui aide singulièrement la réflexion dans les cas difficiles.

Non, non — s'ajouta-t-il en regardant le miroir invalide qui ne lui rendit pas son regard — il est impossible que Macdougall aime la belle Lavinia. S'il l'aimait, il n'irait pas en Amérique chercher sa mort ou sa ruine. Il l'aurait épousée ce matin... c'est évident... S'il l'aimait, il ne rendrait pas des visites à cette miss Cora qui m'a l'air d'un démon habillé de soie, et qui doit payer sa riche toilette avec l'argent de son prochain. Oui, l'esprit du comte Godefroy m'éclaire. Macdougall n'aime pas mistress Lavinia. Il m'est donc permis de l'aimer.

MÉTAMORPHOSE.

VIII

Autour de ces réflexions, Albin de Servian en voyait flotter confusément une foule d'autres, qui toutes lui donnaient le même conseil. Or, comme il ne s'était jamais occupé dans sa vie des questions morales de probité amoureuse, dans les relations d'amitié, il ne discernait pas dans cette affaire, à son point de vue d'homme primitif, tous les ménagements et toutes les délicatesses que la civilisation a introduits dans nos mœurs.

Bien rassuré, parce que d'ailleurs il voulait l'être à tout prix, Albin entra dans le salon le mieux meublé de sa demeure pour se regarder devant des miroirs qui avaient conservé le privilège de la reproduction. Là, il fit connaissance avec lui-même, car du premier coup il ne se reconnut pas, et son premier mouvement fut d'ôter son chapeau et de se saluer. Les hommes absorbés dans les études abstraites des hautes sciences peuvent seuls comprendre cela. Le premier coup-d'œil qu'Albin daigna s'adresser au miroir ne lui donna pas une haute idée de ses avantages physiques : la contemplation habituelle des lacs avait donné à son torse une ligne courbe assez désagréable. Sa chevelure étalait naïvement le désordre d'une forêt vierge. Sa barbe seule conservait malgré lui, cette grâce sauvage et virile, privilège de tous les fils d'Adam, avant la découverte du menton par l'acier de Thubalcaïn.

Albin fit subir aussi un long examen à son costume. Il remplissait un habit dont la mode se perdait dans la nuit des temps irlandais : sa couleur variait selon l'état du ciel et de la température. Il portait un gilet d'ancêtre et un pantalon de lakiste, avec les nuances des nombreux rivages qu'il pressait sous ses genoux. Sa chaussure avait oublié plusieurs fragments de cuir sur les montagnes arides du Kerry ; et plusieurs générations de Castors s'étaient éteintes, aux bords de l'Horican, depuis la mort de celui qui avait coiffé le jeune Albin.

Hélas ! c'est avec ce costume qu'on arrive aux sommets ardus de la métaphysique ; mais aucune femme ne vous arrête en chemin.

Albin brisa violemment la ligne courbe de son torse, et sonna un domestique.

— Quel est le plus habile tailleur de Dublin ? lui demanda-t-il.

Le domestique recula trois pas, et se fit répéter la question.

— Avez-vous entendu ? redemanda le maître.

— Le meilleur tailleur de Dublin est M. Fulstone, répondit le domestique foudroyé par ce mystère.

Partez et amenez-moi Fulstone sur-le-champ.

Le domestique sortit, Albin continua sa conversation avec les miroirs :

— Quelle horreur ! s'écria-t-il en s'échappant de son habit comme d'une prison, et le foulant aux pieds, j'ai honteusement passé ma vie dans ces deux aunes de drap londrin, cousus avec du fil de laiton ! j'ai perdu mes plus beaux jours à regarder mes pieds, sans m'apercevoir que ma chaussure éclatait en lambeaux! avec la jeunesse, la vigueur et l'or, trois choses qui donnent tout!... vraiment, je rougis de moi devant moi; je me demande pardon à moi-même de ma stupidité... il fallait que mistress Lavinia s'endormît devant moi pour opérer un miracle. Ce bienheureux sommeil m'a réveillé. J'étais mort, ou du moins je vivais comme un coquillage sur la grève d'un lac!... avec un père comme le mien... une femme m'a changé en homme. Reconnaissance éternelle à Lavinia!

Le tailleur Fulstone apporta une cargaison d'habits confectionnés, avec toutes les pièces accessoires d'un costume de dandy. Albin, saisi du transport de joie d'Achille découvrant des armes au gynécée de Scyros, acheta tout; il proposa ensuite à Fulstone de l'acheter lui-même. Quand les folies de jeune homme arrivent tard, elles ont un immense arriéré de sagesse à combler; et si l'amour a fait éclater ces folies, on leur assignerait difficilement un terme; le cœur et le cerveau sont d'accord pour exiler le bon sens à perpétuité.

La métamorphose du physique suivit de près celle du moral. Les miroirs d'Albin ne le reconnurent pas lorsqu'il vint se pavaner devant eux, dans la dernière enveloppe du journal des modes. Albin qui n'avait jamais d'autre miroir que celui des lacs, ne pouvait se détacher de sa propre contemplation; il éprouvait la joie délirante qui enivrerait l'homme, s'il entrait dans la vie, à trente ans, avec la conscience, la santé, la richesse de ses passions, sans avoir flétri son front sous les larmes du berceau, du collége et du noviciat mondain. Notre héros se recueillait, par intervalles, pour se remettre en souvenir les gracieuses et nobles inflexions que le comte Godefroy savait si bien donner à son corps, lorsqu'il abordait une femme qui n'était pas la sienne. Quelles poses charmantes, il savait se dessiner, lorsque debout et mollement renversé sur le marbre d'une console, une jambe tendue, l'autre négligemment raccourcie et croisée, la tête penchée en arrière et inclinée sur l'épaule, il racontait quelque joyeuse équipée de Versailles, aux Irlandais ébahis! que de regrets brûlaient en ce moment le cœur de son fils, au souvenir de tant de leçons perdues! quelle femme aurait résisté à ce fils continuant, par tradition exacte, l'esprit et la grâce d'un père, gentilhomme parisien!

Toutefois, Albin de Servian ne désespéra point d'imiter son père, du moins comme la lune imite le soleil. Il voulut consacrer le reste de cette journée à cette grave étude de souvenir. D'ailleurs, avant de se présenter à mistress Lavinia, il éprouvait le besoin de se familiariser davantage avec lui-même, avec l'aide de ses miroirs. Il fit une répétition générale de la scène qu'il se proposait de jouer le lendemain chez la belle veuve. Il se salua cent fois, avec son chapeau neuf; il se présenta douze fauteuils; il s'assit, en ménageant, avec mollesse, le mouvement toujours gauche des jambes, il se demanda comment il se portait, et se répondit par une saillie bouffonne, dite avec un visage sérieux et un œil riant, il racontait une anecdote de ville aux fauteuils, en promenant ses regards sur chacun d'eux en particulier, pour n'exciter la jalousie de personne; il se levait, avec une ondulation nonchalante, et se rapprochait d'un groupe de chaises pour écouter, le sourire aux lèvres, une causerie d'intimes, pleine d'attraits ; puis, il s'exerçait à sortir d'un salon, sans trop de bruit et trop de silence, voulant éviter l'affectation, et désirant être remarqué. Cette scène d'intérieur se terminait par une étude de tête-à-tête avec mistress Lavinia. Il mettait alors dans son organe un timbre particulier ; il essayait des gammes ; il modulait un soupir ; il se ciselait des sourires tristes et se composait des regards pleins de tendresse ou de douce émotion. Les miroirs paraissaient assez contents de lui, et il les remercia.

Pour achever son éducation, trop précipitée peut-être, attendu l'urgence, Albin résolut de consacrer ses dernières heures de loisir studieux à la lecture de la bibliothèque privée de son père. Il dévora tous les ouvrages moraux des deux derniers siècles, ne lisant que les gravures, à peu près. Il admira les contes du bon La Fontaine, les poésies de Reynier, la comédie d'*Amphytrion*, la *Religieuse* de Diderot, le *Sopha*, les *Liaisons dangereuses*, les facéties de Piron, les *Baisers* de Dorat, les *Mémoires de Faublas*, et cent autres œuvres du même genre, que la jeunesse immorale de notre époque ne connaît pas. De temps en temps, une phrase retenait le regard et la pensée d'Albin, et il la méditait avec soin. Celles-ci par exemple :

« Le vicomte de Blanzé faisait la conquête
» d'une femme en prenant une prise de
» tabac — le malheureux Sainval soupira

» quinze grands jours — Hélas ! il est passé
» le temps des cinq maîtresses — tu l'as
» connu, ma chère Éléonore ! — les pères
» et les maris adressèrent une pétition à
» Colbert pour faire exiler le marquis de
» Florval à cinquante lieues de Paris, dans
» l'intérêt de leur tranquillité domestique
» — le comte de Volanges avait aux deux
» fenêtres de son boudoir deux rideaux,
» l'un brun, l'autre blond, tissus tous deux
» avec les cheveux de ses maîtresses, et il
» se plaignait encore de son isolement ! »

Quels hommes ! quelles amours ! quel heureux pays ! se disait Albin de Servian ; allons ! il est temps de se lever et d'être fils !

Neuf heures du matin sonnaient à toutes les pendules, la nuit s'était écoulée au vol; il se croyait encore à la veille, il était au lendemain. Ses bougies expiraient au soleil.

Tant mieux! dit-il. Cette nuit, au moins, ne sera pas perdue pour le jour qui commence!

Un domestique entra et lui remit une lettre; Albin regarda d'abord la signature; elle était de Lavinia. Il lut :

« On m'a dit, monsieur, que mon fu-
» tur époux vous a confié en partant une
» mission secrète qui blesse ma délicatesse.
» M. Macdougall n'avait pas le droit de me
» donner un surveillant, je ménage le terme,
» et vous n'aviez pas le droit d'accepter un
» emploi de ce genre. Excusez la rudesse

» de ce préambule ; vous savez que la fran-
» chise est ma vertu.

» Je ne crois pas aux choses que le monde
» dit, mais je crois à ce que dit le monde,
» lorsque je l'ai pensé avant lui. Votre lan-
» gage, votre conduite, vos manières, vo-
» tre costume même, vos lectures, n'an-
» noncent pas un jeune homme qui me
» rend des visites pour l'unique plaisir de
» me les rendre. Vous avez pris si adroite-
» ment vos mesures que la pureté de vos
» intentions est claire comme le jour, à
» mes yeux, et aux yeux du monde. Vous
» ne voulez pas me compromettre, afin de
» mieux me garder. Votre respect et votre
» gravité m'épouvantent. Je meurs d'ennui
» à l'idée d'avoir à mes côtés, pendant trois

» mois, un surveillant qui me liera les
» pieds et les mains avec les articles méta-
» physiques de Fullerton. A votre âge,
» monsieur, vous devez aimer une femme,
» eh bien! allez surveiller cette femme, et
» respectez la tristesse des derniers jours de
» mon deuil.

» Lavinia. »

Ayant lu deux fois cette lettre, Albin de Servian frappa son front pour en faire jaillir une idée qui resta dans le front; il regarda tous les bergers au pastel du cabinet de son père, toutes les figurines en terre cuite, tous les habits neufs apportés par le tailleur, et poussa un long soupir de désolation et d'abattement; puis le hasard fit tomber ses yeux sur le blason paternel étalé en cire rouge sur la lettre des conseils amoureux ; à cette vue, il bondit au milieu de ses fauteuils, et frappant l'air avec son poing, il dit avec le calme du héros : Mon père, tu seras content de moi !

HAMLET AU THÉATRE DE DUBLIN.

IX

C'était une soirée de *grande attraction*, comme disent nos voisins. L'élite des acteurs anglais jouait *Hamlet;* pièce désolante, moitié femme divine, moitié monstre fabuleux; sphynx colossal, sculpté par le grand statuaire tragique William. Les rayons du soleil hydrogène ruisselaient sur les frises des coulisses, dans le vallon de l'orchestre, aux cent girandoles des loges, et mettaient en relief, sur un fond de tenture écarlate, douze guirlandes circulaires de femmes et de pierreries, dans une éblouissante mosaïque de toutes les étoffes de Dublin.

Dans une loge modeste que le gaz et les pierreries n'éclairaient pas, M. Edmond Goldrige, joyeux vieillard de soixante-quatre ans, et sa nièce mistress Lavinia, causaient des nouvelles du jour et des jolies femmes de la salle, lorsque le prince de Danemark n'était pas en scène. La jeune femme avait quitté la dernière robe sombre, chargée de continuer le deuil de la veuve; et pour se consoler du chagrin d'avoir abandonné une nuance d'étoffe si flatteuse pour ses épaules et ses bras, elle avait prié son oncle de l'accompagner au Théâtre-Royal.

On remarqua, dans le monde élégant des premières loges découvertes, ce mouvement de curiosité ondoyante qui, au théâtre, accompagne l'entrée d'un personnage de distinction. Un jeune homme arrivé assez tard, prenait sa place au premier rang du balcon, et avant de s'asseoir, il recevait à droite et à gauche des serrements de mains, et distribuait des saluts et des sourires, comme un prince en voyage. Ce jeune homme aurait été remarqué partout à cause de la distinction de sa figure, de ses manières et de son costume; mais dans une réunion de spectateurs irlandais, à faces candides, douces, moroses et primitives, il se détachait comme un lys sur une touffe d'herbes vulgaires et sans nom.

— Ah! voilà notre jeune homme à la mode! dit l'oncle Edmond à sa nièce; il fait sensation; heureusement, il est arrivé dans un entr'acte. Comment le trouvez-vous, Lavinia?

— Il paraît fort bien, et surtout il est mis avec une élégance pleine de goût.

— On l'a surnommé le Dorsay de Dublin. Il ne va dans le monde que depuis un mois environ.

— Et comment le nomme-t-on?

— Attendez... c'est un nom fort connu... surtout à cause du père... Vous avez entendu mille fois le nom de son père.....
Aidez-moi un peu, Lavinia...

— Enfin, cela n'a rien de très-urgent ; qu'importe le nom !... ce jeune homme est fort distingué...

— M'y voici, dit l'oncle en détachant sa main droite de son front, c'est M. Albin de Servian.

— M. Albin de Servian !, répéta Lavinia, dans un mélodieux éclat de rire; il paraît, mon cher oncle, que votre mémoire ne vous rend service que la seconde fois. Cherchez un autre nom, vous serez, je crois, plus heureux.

L'oncle, foudroyé par l'éclat de rire,

fit une pantomime d'humilité, replaça sur son front sa main, et regarda le lustre.

— Albin de Servian ! poursuivit la jeune veuve, avec de légères roulades d'un rire contenu. Mon Dieu ! est-il possible de tomber sur ce nom, au milieu de tant de noms !... Mon oncle, oh ! laissez-moi rire à mon aise... Je crois que je serai affligée de rire toute ma vie en songeant à cela... Si vous saviez tout ce qu'il y a de bouffon pour moi là-dessous... C'est que, voyez-vous, je connais M. Albin de Servian...

— Ah ! si vous le connaissez, Lavinia, c'est différent...

— Attendez, mon oncle... je l'ai vu quelquefois ; il m'a rendu des visites... je ne le vois plus depuis trois ou quatre semaines...

fort heureusement. C'est un homme pétrifié par la gravité; un philosophe des lacs; un de ces fous qu'on n'enchaîne pas, parce qu'ils ne font de mal à personne. M. de Servian d'ailleurs s'habille d'une si étrange façon qu'il n'y aurait pas de tragédie possible au théâtre, s'il venait à s'y montrer. Il faudrait remplacer *Hamlet* par les *Joyeuses femmes de Windsor*... Ah! mon Dieu! quel nom comique avez-vous prononcé là, cher oncle! vous me jetez dans une gaîté folle. Mes éclats de rire sont scandaleux, même pour une veuve de vingt mois!

— Eh! justement, ma nièce, il vient de diriger sa lorgnette sur vous.

— Qui?

— Ce jeune homme qui n'est pas Albin de Servian, puisque vous vous y opposez...

— Pour peu que cela vous contrarie, mon cher oncle, vous pouvez lui donner ce nom, je ne m'y oppose pas.

— Eh bien! maintenant je l'affirme! dit l'oncle en frappant de son poing le cadre de la loge. Je viens de le saisir en face, au grand jour; c'est bien M. Albin de Servian, c'est lui!

— Mon oncle, je ne suis pas riche, et le dernier châle, présent de mon pauvre mari, est vieux; avez-vous un châle de vingt livres à perdre dans un pari?

— En conscience, je ne veux pas vous gagner vingt livres, Lavinia.

— Je ne vous les donnerai pas, si vous gagnez.

— Oui, ma nièce, à cette condition, j'accepte le pari.

— Donnez-moi votre main.

— Justement, ma nièce, je connais beaucoup M. Kendall qui cause avec le jeune homme...

— Adressez-vous à M. Kendall, mon oncle...

— Croyez-vous, ma nièce, que ce soit bien convenable...

— Ah! voilà qu'il recule déjà... J'ai besoin d'un châle, mon oncle, et le pari est engagé.

— Oui, oui, engagé... mais me croirez-vous sur parole, lorsqu'à mon retour je vous dirai : c'est bien M. Albin de Servian; M. Kendall vient encore de me l'affirmer.

— Attendez, mon oncle, je vous autorise en ce cas à dire au jeune dandy que mistress Lavinia serait bien aise de connaître son domicile pour lui envoyer un numéro de *Revue de Belfast*. Questionnez-le sur cette revue, vous verrez ce qu'il vous répondra.

— Est-ce un piège, cette revue?

— C'est une précaution que je prends contre vous.

— Comme vous voudrez, ma nièce, vous allez être satisfaite, je vais aux galeries.

— Encore un mot, mon oncle — dit

Lavinia en retenant par le bras monsieur Goldrige — je veux un châle de la manufacture de Dingle; il travaille mieux qu'Ellison.

— C'est bon ! c'est bon ! ma nièce; attendez mon retour.

Après quelques minutes, M. Goldrige rentra.

— Vous avez beau prendre un air de vainqueur, dit Lavinia, je suis tranquille, moi, comme la victoire.

— Ma nièce, vous aurez demain un châle de la manufacture de Dingle, dit l'oncle en s'asseyant.

— Ah! mon cher oncle, vous êtes charmant, on ne peut s'exécuter de meilleure grâce.

—Il est bien permis à un oncle de faire un cadeau à sa nièce, n'est-ce pas, Lavinia?

— Oui, je dirai partout que c'est un cadeau, pour vous sauver la petite honte d'avoir perdu un pari.

— Bon! c'est cela, ma nièce; mais écoutez-moi... J'ai demandé à M. Kendall, le nom du jeune homme — Albin de Servian — m'a-t-il répondu — j'aurais deux mots à lui dire en particulier, ai-je ajouté, ménagez-moi un entretien d'une minute avec lui. M. Kendall m'a rendu ce service, alors j'ai fait votre commission de la *Revue de Belfast* — monsieur, m'a répondu Albin de Servian, je vous prie de me mettre aux pieds de votre belle nièce mistress Lavinia, et de lui dire que je suis brouillé avec les articles de Fullerton, depuis qu'ils ont fermé, comme de l'opium, les plus beaux yeux de Dublin.

A mesure que l'oncle parlait, le sourire s'éteignait, par gradations rapides, sur le visage de Lavinia.

Elle était sérieuse et légèrement émue, ses lèvres s'entr'ouvrirent ; elle allait parler, elle se tut.

— Au reste, ajouta l'oncle, il m'a demandé la permission de vous faire une petite visite, au prochain entr'acte, et je n'ai pas cru devoir venir prendre votre permission pour lui dire que nous le recevrions avec plaisir.

— Oh ! c'est impossible ! — dit la jeune

veuve, après une assez longue pause — Ce n'est pas lui ! je viens, sans affectation, de lui jeter un regard assez long, dans un moment où il se découvrait de la tête aux pieds. Ce n'est pas lui, il y a deux Albin de Servian. Il y a deux frères.

— C'est possible, ma nièce ; en ce cas, attendons le prochain entr'acte.

Pendant le second acte, mistress Lavinia garda le silence, et tint ses regards fixés sur le théâtre, elle ne pouvait se rendre compte des sentiments étranges qui se contrariaient dans son âme; elle ne pouvait s'expliquer une émotion produite par un incident très-vulgaire dans les rencontres du monde, quelquefois elle aurait voulu dévorer dans une minute les colloques éternels de Polonius et de Reynaldo : quelquefois elle demandait au hasard un accident qui prolongeât ce second acte jusqu'au lendemain : lorsque le monologue final d'Hamlet commença elle faisait secrètement au prince de Danemark la prière d'expliquer l'égnime de sa royale mélancolie, en vers éternels ; enfin, elle sentit un frisson d'été sur tout son corps, lorsqu'elle vit le rideau tomber sur le dernier hémistiche *les seeret de la conscience du roi.*

Elle fut frappée de ce singulier rapprochement, il lui semblait qu'Hamlet la regardait en prononçant le dernier vers de son monologue, c'était une de ces illusions qui abondent dans l'optique du théâtre. Hamlet ne regardait que le souffleur, en ce moment. Quoiqu'il en soit, mistress Lavinia, éprouvait une émotion d'autant plus étrange que rien ne la motivait. Si les choses surnaturelles pouvaient s'expliquer, nous perdrions tout le charme de la vie. Les sages égyptiens ont seuls compris que le chemin de notre existence était bordé de sphynx invisibles, et ils les ont matérialisés partout, en granit, pour avertir les ignorants.

Le jeune homme desiré ou redouté ne se fit point attendre. Un léger coup d'un doigt ganté effleura la porte de la loge. M. Goldrige ouvrit. Lavinia se revêtit de cette assurance d'emprunt, que les femmes savent toujours trouver, au moment critique, chez un prêteur inconnu ; et Albin de Servian entra. A deux pas, impossible de ne pas le reconnaître, malgré sa merveilleuse métamorphose ; c'était bien lui.

Avec quelle grâce respectueuse il salua la jeune veuve ! quel souvenir charmant illumina sa noble figure, et fit jaillir deux rayons d'intelligence de ses yeux noirs ! quelle distinction suprême accompagnait la souplesse de ses mouvements ! quelle douceur mélodieuse s'exhala de ses lèvres avec sa première parole ! et dans toute sa personne quel prestige de séduction, sans turbulence puérile et présomptueuse fatuité !

Le noviciat n'avait pas été long ; l'influence paternelle achevait son œuvre, ou pour mieux dire le père revivait dans le fils, avec ses qualités brillantes et peut-être ses défauts cachés.

On échangea quelques paroles insignifiantes, car mistress Lavinia garda sa stupéfaction au fond de son cœur, et reçut Albin de Servian comme une connaissance rencontrée la veille, et revue le lendemain.

THÉORIE SUR LES FANTOMES.

X

M. Goldrige, qui remarqua une ombre d'embarras dans la parole et le maintien de sa nièce, fit la question obligée en ces sortes d'occasions. Les rencontres au théâtre ont cela de bon, qu'elles fournissent toujours un début d'entretien.

— Etes-vous content d'Hamlet, monsieur de Servian? demanda l'oncle.

— De l'acteur ou de la pièce? dit Albin.

— Eh! je suppose que vous connaissez la pièce.

— Avec M. de Servian, ne supposez rien, mon oncle, dit la jeune femme un peu remise de son émotion.

— Madame a raison, dit Albin, et je le prouve : je ne connaissais pas *Hamlet*.

— Ha! — dit l'oncle avec un léger éclat de rire poli et composé.

— Vous voyez, mon oncle, dit Lavinia, M. de Servian est Français d'origine, et nous connaissons les opinions des Français sur notre Shakespeare.

— Moi, madame, dit Albin, je n'ai point de prévention. L'autre soir, ici, j'ai vu jouer *Macbeth*. J'ai trouvé cela superbe. C'est la tragédie par excellence; la seule véritable qui existe : sombre comme la mort et la nuit dans une mare de sang humain. C'est sans doute une pièce posthume de Shakespeare; il l'a écrite dans sa tombe avec des ossements rougis, et il l'a donnée au fossoyeur pour le payer et l'enrichir.

— M. de Servian dit cela très-gracieusement — remarqua l'oncle en essayant de copier la pose d'Albin.

— En effet, dit Lavinia, *Macbeth* est

une chose épouvantable à voir... il y a surtout un fantôme qui me donne les frissons de la mort.

— Et un fantôme qui ne parle pas, dit Albin ; c'est ce qui le rend plus affreux encore.

— Oh! ne plaisantez pas sur ces choses, monsieur de Servian, dit Lavinia en riant; vous me feriez regretter une lecture de Fullerton.

— Eh bien! madame, dit Albin, je vais parler sérieusement : c'est ainsi que j'ai commencé, lorsque vous m'avez fait la grâce de me recevoir dans votre loge... il me semble que je viens de traiter *Macbeth* avec une gravité assez sombre...

— Je n'aime pas trop la gravité assez

sombre ; d'ailleurs, cela ne vous convient plus. Vous avez déposé le costume de métaphysicien ; vous fréquentez, dit-on, le beau monde depuis un mois ; prenez, je vous prie, le ton de votre nouveau costume et de votre monde... Voyons, que pensez-vous de l'exposition d'*Hamlet?*

— Madame, j'ai vu le premier acte dans la coulisse ; et, à ce point de vue, je l'ai jugé, je crois, un peu légèrement.

— Voyons toujours, monsieur.

— Je crains, madame, de vous déplaire, soit pour le fond, soit pour la forme de mon jugement.

— Ne craignez rien ; au contraire, suivez vos inspirations ; je veux connaître les progrès que vous avez faits depuis votre lecture de Fullerton.

— Madame — dit Albin, toujours debout et appuyé avec une gracieuse négligence sur un panneau de la loge — je n'ai pas trouvé de place dans la salle; je suis donc entré dans les coulisses, un peu avant le lever du rideau, j'ai rencontré dans un couloir un chevalier français, armé de toutes pièces, qui se promenait en fredonnant la chanson du marin :

>> Poll crie et pleure
>> Que le diable la remercie !

» Monsieur, ai-je dit à ce chevalier français, pourriez-vous m'indiquer la loge du directeur ?

— M. Clartre n'est pas encore venu, m'a-t-il répondu.

— C'est bien ! je l'attendrai...... Vous jouez dans la piéce, sans doute, monsieur?

— Je fais le rôle principal.

— Vous jouez Hamlet?

— Non, monsieur, je joue le Fantôme.

— Je vous remercie, monsieur..... le fantôme m'a salué, sans ôter son casque. Il avait un casque — Je me suis appuyé contre une muraille de citadelle de carton, pour voir et écouter l'exposition d'*Hamlet*. Voilà, me suis-je dit, une chose qui renverse toutes les idées que je m'étais faites sur les fantômes, lorsque jétais métaphysicien. Quoi! le fantôme d'*Hamlet* porte un costume complet de chevalier des croisades! j'avais cru, jusqu'à ce jour, qu'un fantôme s'habillait le plus simplement du monde, avec le premier linceul venu, comme doit s'habillier une âme, lorsqu'elle est délivrée de la peine de porter son corps, j'avais cru qu'il y avait pour les fantômes une mode éternelle, établie par Samuel, à Endor, et que tout fantôme était obligé de suivre cette mode jusqu'à la vallée de Josaphat, sous peine d'être destitué. Comme je réfléchissais sur les mœurs des fantômes, j'ai entendu une voix de contrebasse qui me disait : s'il vous plaît, monsieur, faites quelques pas en arrière, vous m'empêchez de passer

— C'était le fantôme qui me parlait ainsi. En effet le passage était exigu; le fantôme était fort gras, et largement cuirassé...... Vous voyez madame, qu'avec la meilleure volonté du monde d'être grave, j'étais fort mal servi par le hasard à la première scène d'*Hamlet*.

— Continuez, continuez, Monsieur de Servian — dit Lavinia d'un ton amical et gai — maintenant, j'aime à vous entendre causer ainsi sur les fantômes, cela me rassure un peu.

— Et moi aussi, madame, je craignais les fantômes, comme un enfant, poursuivit Albin avec un sérieux imperturbable — Quelle race infernale! me disais-je, et quel

Hercule chrétien en délivrera la terre! je croyais encore que le fantôme était leste dans son apparition, et concis dans ses paroles; ces deux qualités doublaient ma terreur, lorsque le fantôme ne parlait pas il était plus intolérable que de coutume; ainsi j'avais habitué mes cheveux à se hérisser devant le fantôme de Job, et le fantôme d'Apulée, deux fantômes d'une espèce rare; le premier souffle une syllabe sans voyelles à l'oreille de Job, le second est encore plus concis, il fait un signe avec l'os de son doigt. Mille fois, dans mes nuits nerveuses, j'ai craint d'entendre ce souffle, et de voir ce doigt formidable, dans un éclair de phosphore; je serais mort de peur.

— Mon Dieu! vous me faites frémir, M. de Servian!

Dit Lavinia, en voilant ses yeux avec ses petites mains :

— Continuez.

— Il y a, madame, quelque chose de plus terrible qu'un doigt de fantôme; c'est deux doigts, Ammien Marcellin les a vus. Figurez-vous, madame, deux doigts isolés, flottant à la hauteur de votre visage, et cherchant à le saisir par le côté saillant. Toutes les nuits, Ammien Marcellin était affligé de ce fléau. Je préfèrerais deux épées de Damoclès, moi, parce qu'avec un bon casque de fer, à larges rebords, on se moque d'une épée suspendue sur la tête. Je m'étonne que Damoclès n'ait pas découvert cette précaution.

— Tiens, c'est vrai, dit Lavinia.

— Cela servira pour un autre, dans l'occasion, poursuivit Albin : Donc, madame, avec ces idées sur les fantômes, je ne m'expliquais pas les premières scènes d'*Hamlet*. Le fantôme y prodigue ses entrées et ses sorties, de telle manière, que les sentinelles s'habituent à lui, et l'invitent à déjeûner. Ma foi, si je voyais un fantôme très-gras, et bien vêtu en chevalier, entrer à chaque instant dans ma chambre, je finirais par lui offrir un fauteuil et causer avec lui. Hamlet a bien raison de dire au sien : *Alas! poor ghost! Hélas! pauvre fantôme!* le mot est juste.

Enfin, madame, mon étonnement a été à son comble, lorsque j'ai entendu la tirade du pauvre fantôme, à la cinquième scène. Job, Saül, Apulée, Brutus, Ammien Marcellin, tous les héros enfin qui ont vu des apparitions véritables, et sanctionnées par l'histoire riraient comme des fous, de cette longue tirade, où le *ghost* d'Hamlet donne même la recette du poison à la jusquiame. Quand le fantôme, rentrant dans la coulisse, a passé devant moi : monsieur, lui ai-je dit, combien de vers venez-vous de réciter à votre dernière apparition?

— Quatre-vingt-dix, monsieur, m'a-t-il répondu.

Et je me suis écrié, moi, dans un *à-parte* désolant, quel progrès depuis le souffle de Job, le doigt d'Apulée et les deux doigts d'Ammien Marcellin !

— Monsieur de Servian, dit Lavinia, ornée de son plus charmant sourire, décidément, je vous pardonne la lecture de *Fullerton*, qui m'a étouffée le mois dernier.

— Madame, il y a aux galeries des jeunes gens hospitaliers qui m'ont donné généreusement la moitié d'une place dans leur loge; je suis obligé de les rejoindre avec le désespoir de vous quitter; après l'entr'acte.

— C'est très-convenable, et très-juste, dit Lavinia; mais j'espère que cette fois, l'entr'acte ne durera pas cinq semaines...

— Et deux jours, madame...

— Ah! monsieur, on peut se tromper de deux jours quand on ne compte pas.

— Mais j'ai compté, moi, madame.

— On le voit bien, monsieur; et cela même m'étonne beaucoup, car il paraît que vous avez eu de nombreuses occupations. Vous devez avoir employé tout votre temps à repasser ce que vous saviez, et à...

— Apprendre ce que je ne savais pas; j'achève votre phrase, madame.

— Cela vous est permis, puisque vous vous en acquittez si bien.

— Adieu, monsieur, ne négligez pas vos amis.

— De quels amis parlez-vous, madame?

— De ceux qui vous attendent dans leur loge aux galeries. Le troisième acte va commencer.

Albin de Servian s'inclina respectueument, et sortit.

L'oncle Goldrige qui s'était tenu à l'écart pendant cet entretien, en faisant défiler devant sa lorgnette, tout le personnel féminin du théâtre, se rapprocha de sa nièce, au moment du lever du rideau, et lui dit :

— Une autre fois, Lavinia, j'espère que vous aurez plus de confiance en mes yeux. Les vôtres sont bien beaux, ma chère nièce, mais ils se trompent, et perdent des paris. Comment cela se fait-il ? vous connaissiez M. Albin de Servian, et vous ne l'avez pas reconnu à cette distance?

— Que voulez-vous? mon oncle, c'est ainsi; la lumière du gaz est trop vive sur ce fond rouge; on dirait qu'il y a deux soleils ici.

Le troisième acte commença. Au milieu de la quatrième scène, l'oncle Goldrige fit cette observation :

— Je remarque l'attitude d'Albin de Servian. Il est grave comme un vieillard, et ne répond jamais à ceux qui l'interrogent. Il paraît que la tragédie absorbe son attention.

Lavinia ne répondit rien.

En ce moment deux personnes regardaient la scène, et paraissaient écouter la pièce avec un soin religieux. Tout ce qui se faisait ou se déclamait, était entendu avec enthousiasme par la salle entière, ces deux spectateurs exceptés; ils ne regardaient rien, et n'écoutaient rien.

Au quatrième acte, Albin de Servian avait quitté le théâtre. L'oncle Goldrige fit un commentaire sur *Hamlet* pour amuser Lavinia, qui écoutait avec des oreilles distraites, et des sourires faux.

Après le spectacle, M. Goldrige accompagna sa nièce, et prit congé d'elle sur le seuil de sa porte.

Lorsque la belle veuve fut seule dans sa chambre à coucher, elle éprouva une inquiétude vague qui mouilla ses yeux, et assombrit son visage, où le sourire n'avait plus de témoins à tromper. Elle réfléchit longtemps sur ce mystérieux et inconcevable jeune homme qu'elle avait vu sous deux masques si opposés, à cinq semaines d'intervalle. Puis, comme si elle eût pris au sérieux la conversation de la loge, elle tressaillait de peur enfantine au moindre murmure de la nuit, et promenait des regards effarés dans les longs plis des rideaux, et dans l'ombre nébuleuse des miroirs. Saisie d'un frisson de fièvre, elle n'eut pas la force de faire sa toilette de nuit, et elle se jeta tout habillée sur son lit, sans éteindre ses flambeaux. Avant de s'endormir, elle entendit, ou crut entendre une voix, qui disait sous ses fenêtres : *Hélas ! pauvre fantôme !* C'était sans doute, pensa-t-elle, quelque spectateur attardé qui déclamait machinalement cette phrase, comme on frédonne un motif de l'opéra du soir, en sortant du théâtre. Cependant, Lavinia n'osa ouvrir les yeux de peur de voir passer dans son alcôve quelque chose d'informe et d'effrayant : Peu à peu la brume du sommeil s'épaissit dans son cerveau ; un soupir adressé aux malheurs de toute veuve isolée, fut la dernière et vague expression de sa pensée somnolente ; elle arrondit son bras droit sous sa tête, et s'endormit.

LA LETTRE.

XI

Le sommeil mal commencé dure peu —
axiôme des monts Cimmériens, patrie du
Sommeil — l'*Angelus* sonnait au clocher
catholique de Saint-Patrick, lorsque la
belle veuve se réveilla. Elle était encore

en toilette de loge, et elle s'effraya de sa robe. Il faut quelques minutes de réflexion pour renouer le lendemain à la veille, quand on ouvre des yeux, encore chargés de la brume des songes. Lavinia fit ce mouvement de tête qui signifie, ah ! je me souviens ! et elle sauta légèrement sur son tapis. Le soleil d'été souriait aux cîmes des arbres; les cloches saluaient le ciel ; les oiseaux saluaient le jour, et les fantômes des ténèbres se repliaient avec leurs linceuls, vers les montagnes du couchant.

Lavinia, jeune, belle et pauvre — trois nobles qualités qui ont le tort de ne pas s'arrêter après la seconde — était toujours tourmentée de cette peur vague et fébrile, que l'isolement donne aux organisations nerveuses. Elle avait aussi le défaut de ces sortes d'organisations, celui de rechercher avec frénésie tout ce qui agite et bouleverse les nerfs et le sang. La veille, elle s'enivrait de la poésie sombre et fatale de Shakespeare, et de la théorie des fantômes d'Albin de Servian, sachant très-bien que la nuit, cette mère de l'effroi, l'attendait dans une alcôve solitaire, où la voix de son mari semblait toujours murmurer dans les plis des rideaux. Lavinia éprouvait donc une sorte de joie, aux premiers rayons du jour; elle regardait la nuit comme un long péril ténébreux, à travers lequel il fallait dormir en sursaut, et elle se réjouissait d'avoir échappé à une nuit, comme à un véritable danger.

À l'aurore de ce jour, elle éprouva deux sentiments bien distincts ; le plaisir toujours nouveau que lui donnait la gaîté des heures matinales, et la tristesse sourde qu'elle avait rapportée de sa rencontre au théâtre avec M. de Servian. Le sourire et la gravité pensive se succédaient sur son charmant visage ; et ses yeux tantôt renvoyaient au soleil son premier rayon, tantôt se voilaient du nuage qui manquait au ciel. Ordinairement elle avait une conciliation toute prête, dans ses crises de mélancolie indéterminée ; la pensée d'un second mariage lui montrait un prochain avenir si brillant, que la tristesse de l'heure présente s'évanouissait devant ce mirage nuptial, plein de pierreries et d'or. Elle était l'épouse du riche Macdougall; elle contemplait avec des yeux ardents le luxe de sa maison de reine, le tourbillon bigarré de ses domestiques, l'éclat de ses festins et de ses bals; elle écoutait le piétinement de ses chevaux sur le pavé de Sakeville, les murmures enthousiastes de la foule, les saluts empressés des jeunes cavaliers, courant dans la poussière de l'hippodrome du parc de Dublin, pour voir madame Lavinia Macdougall. Eh bien! ce jour-là, notre belle veuve plongea ses yeux dans cet avenir si doux, sans en retirer sa consolation accoutumée; pour ressaisir sa gaîté habituelle de tous les matins, elle aurait voulu être assise, une seconde fois, dans une loge au théâtre, et prêter l'oreille à M. de Servian, qui développait une nouvelle théorie sur le fantôme de *Macbeth*. Ce jeune homme avait pris possession de la pensée de Lavinia, par des procédés assez étranges, et qui avaient le mérite de s'écarter de la ligne vulgaire ; c'était beaucoup pour une femme du caractère de Lavinia.

Allant et venant de la fenêtre à la porte de sa chambre, Lavinia remarqua, au dixième tour, sur le marbre d'un guéridon, une lettre, qui semblait tomber du plafond, en ce moment. Chose simple, mais effrayante en pareille occasion. La jeune femme recula de peur comme si cette lettre eût été un serpent. Puis elle fit le tour du guéridon, les mains ouvertes, et les bras tendus, non pour prendre la lettre, mais pour la repousser, si elle voulait bondir sur son sein, comme l'aspic de Cléopâtre. Tout est probable quand on a peur. Dans un excès de précaution, elle se rapprocha de sa fenêtre pour demander du secours, contre cette lettre, au moment du danger. La lettre, en attendant, gardait son immobilité horizontale, et laissait voir, dans un effrayant relief majuscule, le nom de Lavinia. Les lourdes voitures qui passaient dans la rue, se rendant au marché, agitaient les planchers de la maison : les rideaux de l'alcôve tremblaient, et faisaient grincer les tringles; on aurait dit que le mystérieux facteur venait de se blottir dans la ruelle du lit, après avoir déposé la missive sur le guéridon.

Les femmes de chambre ont été inventées pour ces moments de crise bourgeoise. Le coup de sonnette est quelquefois un tocsin domestique. Lavinia eut recours à cet expédient sauveur; elle sonna. La demande obligée amena cette réponse :

— Hier soir, à neuf heures, un valet de pied a apporté cette lettre. Elle a été déposée sur le guéridon.

Lavinia fut donc rassurée contre une idée surnaturelle : ce qu'elle craignait avant tout, c'était d'entrer en correspondance avec les morts, par des messagers invisibles. La joie qu'elle ressentit en se voyant délivrer de ses terreurs, la rendit tolérante envers les vivants et leurs épîtres, même insolemment apportées par un valet de pied. D'ailleurs, depuis vingt mois, la jeune veuve avait reçu une si grande quantité de lettres, des mains de sa femme de chambre ; elle connaissait d'avance si bien tout ce que ces missives renfermaient, en protestations d'amour, et fautes d'orthographe, qu'elle ne se faisait plus aucun scrupule de briser un cachet. Les jeunes gens oisifs, et les quadragénaires rentiers avaient enrichi la petite poste, en affranchissant et en pliant, *franco*, tout le papier épistolaire de Dublin, à l'adresse de Lavinia. Comme elle ne répondait jamais, la jeune femme ne croyait pas devoir se refuser au moins l'innocent bonheur de respirer cet encens manuscrit et timbré, qui fumait aux mains de tous les facteurs d'Irlande.

Lavinia ouvrit la lettre et son premier regard courut à la signature. L'auteur ne gardait pas l'anonyme. On lisait *Albin de Servian*, en lettres rondes et claires, dont le genre appartient à la calligraphie du dix-huitième siècle, et du café Procope.

Puisque j'écoute ce qu'il me dit, pensa la jeune veuve, je puis lire ce qu'il m'écrit — et elle lut :

« Madame,

» Il y a cinq semaines environ, vous
» m'avez fait l'honneur de m'écrire une
» lettre que j'ai comprise. Je me suis re-
» tiré. Ce soir, en sortant du théâtre, où

» vous venez de m'accueillir avec une grâce
» qui ressemble à un pardon. J'ai hâte de
» vous demander la permission de me pré-
» senter demain chez vous à l'heure du
» *lunch*. Vous m'avez exilé pour un crime
» d'innocent; j'avais brisé votre âme et
» votre corps sous le poids de l'ennui!
» mais je ne voulais pas laisser supposer et
» dire, par le monde causeur, que j'ai été
» congédié pour vous avoir manqué de res-
» pect. Voilà pourtant ce que le monde
» dira, et votre bonté ne laissera pas accré-
» diter une pareille calomnie. J'espère,
» madame, que la porte de votre salon ne
» sera pas fermée quand je me présenterai
» chez vous.

» Tout ce qu'il y a d'hommages et de

» respect au fond de mon cœur, je le mets
» à vos pieds, madame.

» Albin de SERVIAN. »

Lavinia relut ce billet trois fois, pour éloigner, autant que possible, le moment où elle occuperait sa pensée du souvenir de ce jeune homme; elle se sentait vivement émue, et elle voulait donner un démenti à son émotion. Enfin, elle sourit gracieusement, comme si un témoin pouvait recueillir ce sourire, et elle se dit à elle-même : voilà un bien singulier personnage! on est vraiment obligé de penser à lui, comme si c'était un châle des Indes, ou une parure de diamants. Il se présente chaque fois sous un aspect nouveau. D'abord c'est un philosophe lakiste, fort ennuyeux. Je chasse le lakiste, et je retrouve un dandy superbe, galant et léger, causant des sujets funèbres avec une gaîté entraînante. Maintenant le voilà plein de respect, de délicatesse, de soumission, dans une lettre, contre laquelle il m'est impossible de me mettre en colère, ce jeune homme compose à lui seul toute une société. Il peuplerait un salon.... véritable remède vivant contre les ennuis du veuvage et de l'isolement forcé... Cependant, il ne faut pas le recevoir... oh! mon Dieu! ce n'est pas lui que je crains... c'est ce monde méchant... Toutes les veuves de Dublin qui sont furieuses de n'avoir pas épousé le riche Macdougall — comme si M. Macdougall pouvait épouser toutes les veuves — mettraient ma réputation en lambeaux, et se partageraient mon futur mari, à son retour.

Cette résolution mit du calme dans le cœur de Lavinia. Il était bien reconnu que tous les avantages d'Albin de Servian tournaient à son désavantage, et qu'il était trois fois plus dangereux qu'un autre visiteur.

LE CONTRE-ORDRE.

XII

Une heure avant le *lunch*, la jeune veuve donna l'ordre de ne pas recevoir M. de Servian ; ordre que la femme de chambre se fit répéter plusieurs fois, en disant, avec l'ingénuité de l'emploi, qu'elle n'avait pas bien entendu. On peut tromper un père, un frère, un époux, mais sa femme de chambre jamais. Cependant, malgré sa détermination bien arrêtée, Lavinia voulut se ménager le malin plaisir de voir, à travers une imperceptible fente de persienne, le mouvement d'indifférence ou de contrariété que ferait Albin de Servian, lorsqu'il serait arrêté sur le seuil de la porte par un glacial : *madame n'est pas visible aujourd'hui.*

La persienne fut minutieusement disposée, à cet effet ; Lavinia, inclinée à son observatoire, éprouvait une assez grande émotion ; mais cette fois, la cause de l'émotion n'était pas un mystère, et ne donnait aucune inquiétude à la jeune veuve : une curiosité enfantine et railleuse agitait les nerfs impressionnables d'une femme, qui, dans ses ennuis isolés accordait un vif intérêt au moindre incident. C'était du moins ainsi que Lavinia expliquait son émotion.

L'émotion redoubla lorsque la jeune femme aperçut, à l'extrémité de la rue, un promeneur qui marchait avec une lenteur calculée. En général, les passants n'ont rien de remarquable — il ne faut pas les confondre avec les promeneurs — les passants ont une allure étourdie, et semblent marcher au hasard, pour rendre service à une rue, qui serait déserte sans eux : ils ont quelquefois des affaires écrites sur le visage, et dans le balancement des bras ; ils n'ont jamais de passions. Le passant cherche un homme comme Diogène ; le promeneur cherche une femme, comme un sujet de Romulus. Heureux les passants !

Dans la foule des passants, le promeneur aperçu se détachait, au milieu des curieux turbulents, comme une statue, le jour de son inauguration ; chaque pas qui le rapprochait de l'observatoire retentissait dans la chambre de Lavinia ; et pour elle, les autres passants de la même rue semblaient marcher sur du velours. Albin de Servian, car c'était lui, s'acheminait avec la nonchalance insoucieuse du sauvage qui soupçonne un ennemi, sous chaque pierre, et dans chaque buisson. Ses yeux paraissaient tout regarder, et ils ne regardaient qu'une chose, la maison de Lavinia. Il étudiait de loin la physionomie de cette maison, pour deviner, au jeu des fenêtres, des persiennes, et des balcons de fleurs, si quelque heureux symptôme lui annonçait un favorable accueil. Toutes les autres maisons lui semblaient des tombes ; une seule avait une âme, un langage, un sourire, un mouvement. A quelques pas de la porte sainte, le jeune homme sentit la terre trembler sous lui, et sa main oublia le mécanisme des doigts en se posant sur le marteau de cuivre poli. La main n'eut pas la force de soulever le marteau, et cependant la porte s'ouvrit, comme la porte de *Sézame* des

Mille et une nuits, laquelle n'avait ni sonnette, ni marteau.

— Madame reçoit-elle aujourd'hui?

— Oui, monsieur; dit la femme de chambre.

Et elle ouvrit la porte du salon. Albin de Servian entra au ciel.

L'énergique détermination de Lavinia ne s'était pas soutenue jusqu'au bout : elle venait de donner un contr'ordre, au moment où la main d'Albin se posait sur le marteau. N'importe! rendons hommage à une fermeté, à laquelle il n'a manqué qu'un instant de plus pour être un héroïsme accompli.

Albin de Servian attendit longtemps, et savoura le charme de l'attente. Il aurait voulu attendre toujours, parce que la pensée de Lavinia était sans doute à lui dans cet heureux moment. Hélas! ce moment ne pouvait être éternel! La jeune femme entra de cet air riant, que les femmes prennent quand elles ne veulent pas rire, et elle commença lestement par une phrase préparée au miroir.

— Ah! M. de Servian — dit-elle en montrant un fauteuil au visiteur — vous avez oublié hier un chapitre à votre théorie des fantômes!

— C'est une lacune, madame, — dit Albin en se faisant une voix — eh! bien! on peut la remplir.

— Que pensez-vous, monsieur, du fantôme de *Macbeth?*

— Oh! madame, j'ai une haute opinion de lui! Ce fantôme me paraît irréprochable; il réhabilite dans mon esprit Wiliam Shakespeare qui s'était complètement fourvoyé dans *Hamlet* sur ce chapitre. Le fantôme de *Macbeth* connaît son métier. Il ne parle pas. Il épouvante avec son silence. Il se met à table sans façon, comme un parasite du tombeau. Il a deux tisons de l'enfer dans les cavités osseuses de ses yeux. Fantôme parfait.

— Monsieur de Servian, j'aime à parler de ces choses, à cette heure, au grand soleil; mais cela me donne toujours quelques légers frissons. Je vous remercie de votre supplément : il me contente : je tâcherai de l'oublier un peu avant la nuit, pour m'en souvenir demain... parlons d'autre chose..... M. de Servian, voulez-vous m'être agréable? ne m'écrivez plus de lettres.... vos lettres sont fort respectueuses sans doute, mais le respect n'est pas écrit sur l'adresse ; il faut les ouvrir. Les persiennes voisines ont des yeux à toutes leurs lames, et elles lisent mes lettres, sans les ouvrir, entre les mains du facteur. Dans ma position, j'ai des ménagements à garder, et je vais consigner toutes lettres à ma porte. Il me serait pénible de penser que les vôtres, si respectueuses, sont comprises dans la proscription.

— Madame, cette consigne s'étendra-t-elle aux visites?

— Eh! mon Dieu! tout le monde reçoit

des visites ! Seulement, il ne faudrait pas que le même visiteur renouvelât les siennes trop souvent. La calomnie en tirerait mieux parti que des lettres.

— C'est fort juste, madame.

— Les étourdis qui m'écrivent par désœuvrement ignorent ma position ; mais vous la connaissez vous, monsieur de Servian. Je suis, pour ainsi dire, fiancée à votre ami, M. Macdougall.

Le jeune homme tressaillit, comme s'il eût appris cela pour la première fois.

— Encore six semaines, poursuivit Lavinia, et voilà M. Macdougall de retour à Dublin. Vraiment, j'ai de sérieux devoirs de conduite à remplir. Il faut que j'agisse avec la plus grande circonspection... Qu'en pensez-vous, monsieur de Servian?

— Avec la plus grande circonspection — répondit Albin, comme un écho en retard.

Lavinia croisa les bras sur son sein, et ses pieds sur un tabouret, inclina la tête, et se recueillit, comme pour méditer sur cet avenir de six semaines, à l'extrémité duquel apparaissait un second mari.

Albin de Servian profita de ce recueillement pour examiner la jeune femme : cette pose de méditation était favorable à sa toilette, et à sa grâce de veuve. Ses bras se faisaient deviner, dans leur ciselure suave, à travers le réseau complaisant d'une mousseline d'illusion : sa tête penchée avec bonheur laissait voir le demi-cercle du cou, avec son exquise pureté de contour; sa robe blanche et simple était admirablement faite, et le corps semblait avoir fait la robe. La candeur de Lavinia ne permettait pas de croire qu'elle se recueillait ainsi, dans une grave méditation, pour paraître avec tous ses avantages. Cependant avec les veuves irlandaises, il ne faut jurer de rien.

LE CHALE DE DINGLE.

XIII

La porte du salon s'ouvrit, et dérangea le recueillement de Lavinia, et l'admiration ardente d'Albin. C'était la femme de chambre qui apportait un châle à sa maîtresse : et comme Lavinia s'étonnait, la camériste lui dit — on vient, madame, d'apporter cela; vous savez d'où cela vient, a dit le porteur; c'est un cadeau; on veut que vous acceptiez ce châle comme un cadeau. On a bien appuyé sur ce mot; et on a ajouté que ce châle sort de la manufacture de Dingle — ah! c'est juste, dit Lavinia rayonnante de joie. Oui, oui, j'y suis maintenant! un châle de Dingle! un cadeau.... le porteur est-il encore là? — oui, madame — dites-lui que je remercie, et que j'accepte le cadeau.

Albin de Servian sentait courir, tour-à-tour, sur son visage l'écarlate de la vie et la pâleur de la mort.

Lavinia déployait son châle, et donnait un sourire de béatitude à toutes ses arabesques, à toutes ses fleurs. Albin était supprimé. Elle était en tête-à-tête avec son châle.

— Quel malheur d'être en plein été! disait la jeune femme : il faut attendre trois mois pour faire honneur à ce cadeau... et dans trois mois j'aurai une mine de châles dans ma seconde corbeille de noces... ah! une idée!... je puis fort bien porter ce châle le soir... à minuit... en sortant du théâtre royal... Quand on n'a pas de voiture, il faut avoir un châle de Dingle sur les épaules... les nuits sont si fraîches..... Monsieur de Servian, que joue-t-on au théâtre demain?

— *Othello*, madame, — dit Albin, avec une voix d'Othello.

— Tant pis! je n'aime pas *Othello*... il n'y a pas de fantôme...

— C'est une erreur, madame. Il y en a un.

— Ah!... c'est singulier, je ne l'ai jamais vu.... Monsieur de Servian, vous qui êtes un homme de goût... ne trouvez-vous pas que les fleurs de mon châle sont un peu trop grandes?...

— Un peu trop, madame — dit Albin sans regarder les fleurs.

— Ce fond bleu ne me plaît pas... Et comment se nomme-t-il, monsieur de Servian, le fantôme d'*Othello*?

— La jalousie.

— Ah! vous appelez cela un fantôme! — alors, il y a des fantômes partout...

j'aurais mieux aimé un fond rouge à mon châle.... Auriez-vous le courage, vous, monsieur de Servian, de faire ce qu'Othello a fait?

— Je ferais mieux que lui, madame.

— Vous tueriez deux fois? dit Lavinia en riant sur son châle déployé.

— Non, je laisserais vivre ma femme, avec ses remords, pour toute société. Je serais son geôlier. Il ne faut jamais tuer personne, pas même sa femme.

— Au fond, vous avez l'air jaloux..... Vous qui connaissez la mode, M. de Servian, porte-t-on les châles de Dingle en pointe ou en carré?

— Comme il vous plaira, madame.

— En pointe c'est plus avantageux pour

le châle, mais en carré c'est plus avantageux pour la femme... Malheureusement les comédiennes les portent en pointe.....
Combien estimez-vous ce châle, M. de Servian ?

— Madame, je serais fort embarrassé... Je ne me connais guère en châles.... Si la personne qui vous a fait ce cadeau est riche, ce doit être un châle de prix.

— Je l'estime trente livres, moi... je ne me trompe pas de dix shillings. Maintenant, je devine, monsieur de Servian, pourquoi vous n'êtes pas marié..... Vous craignez de donner une société de remords à votre femme... Quel jaloux !

— Mais, madame, si j'étais marié, je ne serais pas jaloux de ma femme ; je laisserais ce supplice à ceux qui ne l'auraient pas épousée.

— Ah!..... cela ressemble à quelque chose de clair, mais c'est fort obscur..... du moins pour moi.

— C'est possible, madame; je parle selon les inspirations du moment..... et quelquefois je me mets en contradiction avec moi-même à cinq minutes d'intervalle.

— Je comprends, vous êtes amoureux.

— Oui, madame.

— Ah! voyons; contez-nous un peu cela : j'aime les confidences comme une vieille femme... Il y a cinq ou six semaines, vous n'aviez pas du tout l'air d'un amoureux... lorsque vous parliez de Fullerton... Vous étiez habillé comme un professeur de latin du collége de Belfast, avec deux aunes de drap londrin qui s'était taillé, au hasard, lui-même : et des souliers bien assis sur leurs clous. Avec ce costume, on peut aimer un lac, une forêt, une colline, mais on n'aime pas une femme... Eh bien ! M. de Servian, croyez-moi, en vous voyant métamorphosé subitement en dandy, j'avais deviné que vous étiez amoureux. M. Macdougall sera bien surpris à son retour.

— Oh ! bien surpris, madame, je vous en réponds.

— Il vous proposera de faire une double noce le même jour, la sienne et la vôtre... vous verrez.

— C'est bien possible, madame.

— Voilà donc le secret de votre absence, pendant six semaines, M. de Servian !

— Oui, madame ; je courais le monde ; je me formais aux mœurs de la société ; je cherchais une passion...

— Et vous l'avez trouvée ?

— Hélas ! oui, madame.

— Voilà un *hélas* ! bien f'atteur pour la passion. Heureusement, la femme aimée ne l'a pas entendu ; les absents quelquefois sont bien heureux !

— Mon ami Macdougall, par exemple..... il est dans l'autre monde, et il ne sait pas ce qui se fait dans celui-ci.

— Et quand il le saurait, monsieur de Servian ?

— Oh ! je ne dis pas qu'il eût à se plaindre, madame... mais...

— Mais ?...

— Eh ! bien... vous savez, madame... on est stupide... injuste quand on aime... Qui sait !... au lieu d'être absent... s'il était ici... il ne serait pas content du fond et des fleurs de ce châle de Dingle. Vous auriez beau dire pour excuser les imperfections du châle, que c'est un cadeau, il critiquerait peut-être le cadeau...

— Charmant ! adorable ! monsieur de Servian ; je vous l'avais bien prédit que vous auriez de l'esprit quelque jour ! dit

Lavinia dans un long éclat de rire. — Mon Dieu ! que nous sommes loin de Fullerton ! que vous étiez naïf alors ! que vous êtes méchant aujourd'hui ! Voyons, continuez ; reprenez votre sourire malin. — Voilà le châle, je vous le livre ; dessinez-le, et envoyez le portrait de ce cadeau à votre ami, M. Macdougall.

— Pardon, madame, je vois avec peine que vous revenez à votre premier jugement sur moi. Je me suis éloigné de vous longtemps pour me disculper de l'odieux soupçon d'être un surveillant aposté par votre futur époux. Rappelez-vous votre lettre, madame. Voulez-vous que je m'éloigne encore, je m'éloignerai.

— Non, monsieur, je ne vous ferais pas

une seconde fois cette injure, dit la jeune femme, avec un brusque changement de ton, et un délicieux sourire de bienveillances. — La première fois, je n'ai pas donné congé au surveillant incommode, mais à l'homme ennuyeux ; je puis vous dire cela franchement aujourd'hui, après votre métamorphose physique et morale. Je ne crains pas les surveillants dans l'intérieur de ma maison. Pourquoi les craindrais-je ?... ce que je crains, c'est un soupçon injuste, monsieur de Servian. Or, vous venez de me soupçonner... Ne m'interrompez pas, je vous prie... Vous avez mis dans vos yeux et dans votre sourire une malignité de démon...

— Oh! madame, s'écria de Servian,

les mains jointes et élevées au-dessus de son front.

— Écoutez-moi donc jusqu'au bout, mon cher monsieur..... Jusqu'à présent nous avons été dissimulés dans notre langage, vous et moi, vis-à-vis l'un de l'autre; un instant de franchise mutuelle, s'il vous plaît, ensuite nous recommencerons à parler sous le masque, si cela nous amuse... Monsieur de Servian, je ne veux pas que vous rapportiez d'ici une idée fausse et injurieuse; et pour me satisfaire tout-à-fait sur ce point, vous allez vous rendre de ce pas à la maison que je vais vous indiquer.

— Expliquez-vous, madame, je...

— Voulez-vous me rendre un service, monsieur de Servian?

— Je vous donnerai ma vie, madame.

— Taisez-vous, point d'exagération... Allez de ce pas à *Sea-Road*, 39; vous demanderez M. Goldrige, c'est mon oncle; c'est ce vieillard que vous avez vu hier dans ma loge; un excellent homme qui n'est pas riche, que je vois très-rarement, et qui m'aime beaucoup, et vous le remercierez, pour moi, en termes à votre convenance, de son joli cadeau. Il sera très-flatté de votre visite, je le sais.

— Comment! madame! dit Albin, avec une expression de joie qu'il s'efforçait de contenir, et qui se trahissait dans son geste, son organe, son visage. — Comment ce châle ?

— Est un cadeau de mon oncle ; presque en votre présence, il me l'avait promis hier au soir, au Théâtre-Royal.

— Ah ! mon Dieu ! s'écria l'imprudent Albin, les mains largement ouvertes sur son visage empourpré d'émotion.

— Qu'avez-vous donc, monsieur ? dit la jeune femme convulsivement émue, et luttant avec un sourire faux, contre l'expression sérieuse de sa figure. — Vous vous trouvez mal, monsieur de Servian ? je ne vous comprends pas... Craignez-vous d'aborder mon oncle ?...

UN AMANT.

XIV

Albin de Servian n'était pas encore arrivé, malgré les lectures morales du cabinet paternel, à ce degré de perfection qui amollit la délicatesse dans les relations d'amour et d'amitié. Il comprit toute l'imprudence de l'exclamation involontaire qui venait de retentir dans le salon, où était confiée à sa surveillance, la future épouse de son ami. Ce cri, dans pareille circonstance, était un aveu de sa passion, aveu inopportun, maladroit, et même coupable. La réponse sollicitée par les questions insidieuses d'une femme qui avait tout compris, le jetait dans un embarras cruel, encore plus compromettant que son cri de joie. Cependant il fallait répondre.

— Madame, dit-il, vous avez sans doute compris le sens de mon émotion...

— Pas du tout, monsieur de Servian; si je l'avais compris, je ne vous interrogerais pas.

Lavinia reprenait toute la présence d'esprit et tout le courage qui manquait à son interlocuteur; elle avait dans sa voix et sur son visage une ingénuité pleine de naturel. L'embarras d'Albin lui causait une sorte de joie triomphale; et sans trop se préoccuper des suites d'un pareil entretien, étourdiment engagé, elle voulait pousser à bout M. de Servian, et lui arracher un aveu qu'elle accueillerait selon l'inspiration du moment. Il est permis à une veuve accablée d'ennuis de mettre cette cruauté charmante dans les plaisanteries de salon.

— Eh bien! madame, dit Albin, ce cri de joie que j'ai poussé, mettez-le dans la bouche de votre futur mari, et vous le comprendrez. Je croyais que vous veniez de recevoir un cadeau de... de...

— D'un jeune homme, d'un amoureux..... Tranchez le mot, monsieur de Servian ; je comprends, et vous êtes allarmé pour mon futur époux, votre ami.

— Vous achevez ma pensée, madame.

— Vous avez été rassuré, toujours pour mon futur époux, lorsque je vous ai dit que c'était un cadeau de mon vieil oncle...

— Madame..... l'amitié est un sentiment...

— J'entends, j'entends, vous vous êtes réjoui par procuration.

— Madame, vous dites cela d'un air et d'un ton...

— Oh! monsieur de Servian, votre explication est si naturelle... on comprend très-bien ces scrupules de l'amitié... Enfin, ne parlons plus de cela; tout est expliqué.

Lavinia prononça ces dernier mots avec une intonation équivoque qui pouvait signifier que tout n'était pas expliqué. Albin de Servian se leva pour prendre congé, car un plus long entretien lui paraissait impossible et dangereux. On échangea ces deux phrases encore :

— Monsieur de Servian, j'espère que cela ne vous fera pas oublier la petite commission de *Sea Road*, 39?

— Madame, je vais chez M. Goldrige, votre oncle, en vous quittant.

Et on se sépara.

Après le départ d'Albin, Lavinia devint pensive, et se mit face à face avec son miroir pour ne pas être seule. Dans cette position, elle regarda le fauteuil abandonné par le jeune homme, et elle se dit : M. de Servian m'aime... et moi... il m'est impossible de l'aimer..... Ah! j'ai trop précipité l'affaire avec M. Macdougall!

La commission faite, Albin de Servian regagna sa maison en quittant M. Goldrige. Quoique arrivé à un âge où souvent l'amour n'est plus que le souvenir d'une illusion perdue, il était encore, lui, à l'enfance de l'art d'aimer, chanté par Ovide et psalmodié par Gentil-Bernard, qui n'est plus que Bernard aujourd'hui. En présence de la veuve aimée, c'était encore l'adolescent timide et naïf, avec une grande inexpérience du cœur humain des femmes; mais après, rendu à son isolement, il se sentait au cœur une énergie, une audace, une violence de caractère à l'épreuve de tout. Ces qualités ou ces défauts naturels avaient été développés promptement et complètement par l'éducation morale des dernières semaines. Auprès de Lavinia, l'écolier se trahissait quelquefois dans ses paroles et ses gestes; loin d'elle, il se réhabilitait à ses propres yeux, en se reconnaissant l'expérience du maître consommé. C'est à cause de ce conflit intérieur de tous les instincts de l'enfant et de l'homme, qu'Albin de Servian paraissait changer, de caractère d'organisation et de langage, tous les jours. Il marchait à tâtons à la la découverte d'une physionomie qui lui convnît dans sa position nouvelle, et en cherchant, il se transformait avec une mobilité de toutes les heures. Ce personnage n'a pas été prévu par les législateurs qui ont passé leur temps à écrire des codes en vers sur la manière de peindre les héros. Albin de Servian, entr'autres soucis qu'il donne à son historien, contrarie singulièrement la maxime d'Horace qui exige dans son code, sous peine d'une forte amende, et d'un lustre de prison dans les cachots du Parnasse, que tout héros

se ressemble à lui-même, depuis le commencement jusqu'à la fin d'un ouvrage. *.
Il faut remarquer, en passant, que le législateur latin qui veut qu'un homme naisse, vive et meure de la même façon, a crié vive Brutus! et vive César! a chanté le vin de Falerne et l'eau de Blandusie ; a célébré les doux sommeils sur l'herbe, et sur la poupre impériale du Mont-Palatin ; a maudit la guerre civile et fait la guerre civile ; a aimé des femmes de toute nuance, de toute condition, de toute couleur, de tout sexe, de tout pays; a pris des armes au champ de Mars, dans un moment de courage, et les a jetées sur la grande route dans un moment d'effroi. Vraiment ces

* *Qualis ab incepto processerit, et sibi constet,*

législateurs de l'an Ier de l'empire d'Auguste se moquaient de 1845 ! Rendons leur le mal pour le mal, et poursuivons.

L'EX-LAKISTE.

XV

A quelques pas de sa maison, Albin de Servian avisa un être non classé, assis sur le seuil de sa porte. La reconnaissance fut bientôt faite, c'était le lakiste O'Farrell, l'adversaire hydrophobe des rivières et des ponts. La sage Angleterre a inventé une série de fous inconnus de notre peuple frivole et léger ; l'histoire de Lingard et de Hume ne parle pas de ces gens.

— Comment ! c'est vous monsieur de Servian ? s'écria le lakiste O'Farrell ; je vous ai reconnu à cause de votre maison. Vous êtes vêtu comme un prince de Galles, et moi, voyez, je suis chauffé avec la peau de mes talons ; je suis coiffé avec mes derniers cheveux, et je crains, si je fais un pas de plus, de laisser tomber sur le pavé les toiles d'araignée qui ont été le drap de mes habits.

— Entrez, entrez chez moi, monsieur O'Farrell, dit Albin en ouvrant sa porte, et d'un ton qui annonçait que cette rencontre lui était favorable, puisqu'elle faisait diversion à ses amoureux ennuis du jour.

— Avant tout, monsieur de Servian, faites-moi servir un lac de porter Barclay-Perkins, je meurs de soif; après je vous parlerai de mon appétit.

— Ce pauvre O'Farrell!... Attendez un instant, mon domestique va vous désaltérer... Je croyais que vous ne buviez que de l'eau.

— Depuis que j'ai l'honneur de présider la Société de Tempérance de Dublin, je regarde l'eau, et je ne la bois jamais.

— Vous avez bien raison, O'Farrell.

— Monsieur de Servian, l'eau creuse les vallons et les estomacs..... Nous vous avons attendu à Killarney, et vous n'êtes pas venu?

— Mes affaires m'ont retenu à Dublin, mon pauvre O'Farrell..... Eh bien! qu'avez-vous fait à Killarney? Comment se portent les lacs?

— Monsieur de Servian, ne me parlez pas de ces choses... j'ai donné ma démission; il n'y a que de l'eau à boire dans ce métier.

— Vous n'êtes plus lakiste, O'Farrell?

— Eh! que voulez-vous, que je reste lakiste toute la vie, si cela ne me rend pas un *penny*!

— Et vos confrères ne viennent donc pas à votre aide?

— Mes confrères ! monsieur de Servian... Oh ! si vous saviez !

— Dites, je saurai.

— Histoire triste, monsieur de Servian... Votre porter est excellent ; si cela ne fatigue pas votre domestique, il peut continuer à m'en servir jusqu'au coucher du soleil... Voici l'histoire... J'ai fait un Recueil de petits poèmes lakistes... les titres seuls vous inqueront l'esprit de ce travail : — *Haine aux rivières !* — *Ponts, écroulez-vous.* — *Lac, réponds-moi.* — *La vérité est au fond des lacs.* — *Cités folles, comblez vos puits.....* Cela vous donne une idée du reste. J'arrive à Killarney avec mon manuscrit, et une liste de souscription. Nous étions quatre cent soixante-trois lakistes. C'était juste le nombre de souscripteurs qu'il me fallait pour payer mes frais d'impression... Savez-vous ce que j'ai trouvé, monsieur de Servian ?... C'est incroyable !..... j'ai trouvé quatre cent soixante-trois confrères qui, tous avaient en poche, comme moi, un manuscrit à faire imprimer par le même procédé !

— Quel déluge de poèmes ! mon pauvre O'Farrell. Si tout cela paraissait au jour, les lacs seraient inondés.

— Mais pas un seul ne paraîtra.

— Heureusement.

— Pourtant je veux que mon livre soit imprimé, moi. Voulez-vous, comme échantillon, entendre le début de *Haine aux rivières?* (Traduction libre).

Dites, où courez-vous, rivières insensées !
Faites-vous lacs, dormez en paix dans votre lit ;
Nul front rêveur sur vous n'incline ses pensés,
　　Et la mer vous ensevelit.

— Voilà un beau début, O'Farrell ; mais arrêtons-nous là. Buvez encore quelques tasses de porter, et laissez couler les rivières. Voyons, quel était votre but en venant me voir ?

— Franchement, monsieur de Servian, je venais vous prier de me donner la vie.

— Eh bien ! si cela dépend de moi, je vous la donne.

— Vous consentez donc à me faire imprimer mon livre à vos frais?

— A mes frais?... et pourquoi pas? cela m'oblige-t-il à le lire?

— Non, monsieur de Servian.

— Alors c'est une affaire faite.

O'Farrell tomba aux genoux d'Albin qui le releva.

— Mais, poursuivit Albin, avant de faire imprimer votre livre, il faut vous habiller. J'ai là, dans mon vestiaire, une collection d'habits du tailleur Fulstone. Vous allez être vêtu comme un baronnet. Entrez, nous nous reverrons à dîner, ce soir. Je vais parler à mon domestique; il aura soin de vous.

O'Farrell allait se précipiter une seconde

fois aux genoux de son bienfaiteur, mais deux bras vigoureux l'arrêtèrent à mi-chemin du parquet.

Délivré de la reconnaissance d'O'Farrell, Albin de Servian entra dans le cabinet paternel, et lut deux contes moraux de Marmontel, six gravures des contes du bon Lafontaine, gravées sur acier par Lejay, place Dauphine, et un délicieux petit volume, intitulé le *miroir des veuves*. Il y a, dans ce livre, trois charmantes veuves qui sont désolées de ne pas être six, et qui, après bien des obstacles, trouvent des époux au dénoûment.

Heureuse époque! disait avec un soupir Albin de Servian, les hommes se reposaient tranquillement chez eux, et les femmes les accablaient de messages, de galanteries et de séductions! La révolution de 89 a tout bouleversé.

Disant ces mots, il sortit pour cueillir quelques distractions à la promenade de *Phœnix-Park.* C'était un jour de *fashion;* il y avait sous les arbres tout le beaux sexe de Dublin, qui est en effet, très-beau.

Cette complaisance du ciel, qui a mis tant de jolies femmes dans une seule ville, a quelque chose de touchant. Albin regardait onduler autour de lui les plus doux visages, les plus beaux yeux, les cheveux les plus opulents des trois royaumes, et ce spectacle lui causa une sorte de désespoir et d'effroi. Il acquit une terrible conviction en assistant à cet élouissant défilé. A ses yeux toutes ces créatures étaient de simples mortelles qui seraient toutes éclipsées par la déesse Lavinia, si elle se montrait à la promenade du parc. Cette splendide réunion de toutes les femmes d'une ville, ne donnait pas un battement de cœur au malheureux Albin. En dehors de l'horizon, tracé par la frange de la robe de Lavinia, il n'y avait donc plus de femmes ! Le bonheur d'un homme se résumait sur une seule tête. En supprimant Lavinia, on exilait l'amour de ce monde ; on était condamné à perpétuité aux intolérables ennuis du célibat. L'épreuve venait d'être faite, épreuve décicive. Lavinia ou le néant. Dilemne affreux !

Il n'y avait donc pas à balancer, il fallait céder à l'influence inexorable du sang paternel, et conquérir la seule femme de l'univers, avant que l'univers la connût; surtout si Macdougall, le seul rival redoutable, plus amoureux du commerce que d'une veuve, avait oublié Lavinia, en remontant le Mississipi.

O'FARRELL.

XVI

Lorsqu'Albin se fut bien démontré qu'une seule âme donnait la vie à son corps, et que cette âme se nommait Lavinia, il se livra aux réflexions les plus profondes, aux calculs les mieux établis, afin d'arriver sûrement au résultat sauveur. Il soumit le triomphe de son amour à toutes les chances, à toutes les éventualités possibles; il fouilla l'arsenal du hazard pour surprendre les combinaisons inattendues et funestes, et les neutraliser par l'exactitude mathématique de ses calculs. il se mit en luttte avec toutes les positions hostiles, infernales ou humaines, et Il trouva d'avance des armes pour en triompher — à tout prix, il faut vivre — dit-il en déchirant l'air avec son poing — je suis dans le cas de légitime défense contre tout homme qui voudrait m'arracher la vie, en m'arrachant Lavinia.

Cependant il reconnut qu'il avait toujours beaucoup de ménagemens à garder, surtout à cause des voisins. Dans ces sortes de cas, les voisins sont toujours maudits et redoutés. Hélas! les villes sont peuplées de voisins! j'en ai vu poindre même à Bouc, la ville que nous avons inventée en collaboration, Alexandre Dumas et moi; ville si heureuse lorsqu'elle n'existait pas, et lorsque son peuple se composait d'un aubergiste absent. Il y a des voisins aujourd'hui, à Bouc! des voisins, payant trois millions de douane au Trésor; et le Trésor leur refuse une fontaine, sous prétexte qu'il est inutile de donner de l'eau à des gens qui n'existent pas — excusez cette digression.

Macdougall avait autorisé Albin à rendre une visite quotidienne à sa future épouse, mais les voisins ignoraient cette recommandation de Macdougall; et d'ailleurs depuis qu'Albin était amoureux de Lavinia, il lui semblait que les voisins, lisaient ce secret sur sa figure, allaient le lui crier à son passage du haut des toits.

Le soir de ce jour, il eut quelques distractions en dînant avec Luke O'Farrell. L'ex-lakiste était coifé, vêtu, chaussé comme un gentilhomme : le drap neuf le rajeunissait; seulement, sa figure portait encore quelques traces de l'abstinence, fléau des poètes dans les pays vierges où la prose n'a pas pénétré.

C'était le premier diner d'O'Farrell, il en usa largement, et ne répondit à toutes les demandes d'Albin que par des monossyllabes en pantomime, car un *oui* ou un *non* lui aurait fait perdre un morceau. Il faut être poète lakiste, pour connaître la valeur et l'étendue d'une syllabe, perdue entre deux plats; quand le Porto et le Xérès, ces desserts liquides, arrivèrent sur la table dégarnie, O'Farrell hasarda quelques mots, et quelques sourires.

— Croyez-vous, lui dit Albin, ne jamais regretter le verre d'âle et la patate cuite sous la cendre, que vous dévoriez dans une chaumière aux bords des lacs ?

O'Farrell poussa un éclat de rire si long, qu'il paya sur le champ l'immense arriéré de joie, accumulé dans de sombres méditations.

— Et maintenant, poursuivit Albin,

avez-vous songé à prendre un gîte quelque part? avez-vous une pierre pour reposer votre tête cette nuit?

— Non — répondit O'Farrell, de l'air insouciant d'un philosophe qui n'a jamais admis l'existence d'un lendemain.

— Écoutez, O'Farrell, dit Albin, ce soir je vous donne l'hospitalité chez moi. Demain, je vous établirai dans une bonne maison, vous serez content, vous dînerez chez vous, comme ici, et mieux qu'ici parce que vous ne parlerez à personne; vous mangerez seul, ensuite je n'oublie pas ma promesse, les frais de vos poésies lakistes sont à ma charge.... Eh! n'allez pas vous précipiter une troisième fois à mes genonx... vous êtes reconnaissant, je le vois;

c'est bien: mais soyez calme comme un ingrat.

O'Farrell prit le calme de l'ingratitude.

— Voulez-vous savoir mes conditions, maintenant? poursuivit Albin.

— Je me soumets à toutes les conditions, je serai même ingrat, s'il le faut.

— C'est beaucoup plus facile que d'être ingrat. Voici mes conditions; vous ne parlerez à personne de ce que j'ai fait pour vous, et de ce que je ferai; même, si on vous parle de moi, vous répondrez comme dans la bible, je ne connais pas cet homme...... Vous vous étonnez de cela, O'Farrell? la raison en est pourtant bien simple, je suis à mon aise, mais, hélas! je n'ai pas le bonheur d'être millionnaire.

Si vous allez dire partout que vous êtes mon ami et mon obligé, vous allez me mettre sur les bras les quatre cent soixante-trois Lakistes, vos ex-confrères, qui cherchent des souscripteurs au fond des lacs.

— Ah ! mon Dieu c'est juste ! monsieur de Servian.

— C'est donc dans votre intérêt que vous devez garder le silence sur tout ceci.

— Soyez tranquille, monsieur de Servian.

— Si j'avais la fortune du duc de Northumberland, je ferais une pension de cinquante livres à chaque lakiste, et lui donnerais une chambre garnie dans mon palais de *Charing-Cross*; mais je fais ce qui est en mon pouvoir. Je dois me souvenir que j'ai été lakiste, moi aussi, et je dois assurer le bonheur d'un confrère, d'un seul, vous êtes le premier venu, vous serez cet heureux...... Seulement si quelque jour, j'ai besoin de vous.... pour un service quelconque.... je vous trouverai prêt, n'est-ce pas?

O'Farrell leva les yeux au plafond, et mit énergiquement la main sur son cœur.

Il est tard — ajouta de Servian en se levant — je vous rends à votre liberté, demain matin, vous recevrez mes dernières instructions par écrit.

Le lendemain Albin se leva dévoré du désir de rendre une visite à la belle veuve, car il ne l'avait pas vue depuis quinze heures, ce qui est l'éternité ou à peu près pour un véritable amoureux. Il fallait pourtant laisser passer midi, et arriver au *Lunck;* et le moment convenable sonnant à l'horloge, il se dirigea vers la rue bienheureuse, et s'arrêta entre les deux angles, immobile comme un monument public. Les voisins étaient plus abondans que de coutume ; à toutes les croisées, des masses de cheveux balayaient la vitre : à tous les balcons une main blanche arrosait des fleurs, et l'œil de cette main ne regardait pas les vases ; à toutes les portes un serviteur des deux sexes s'acharnait sur les marteaux de cuivre, comme pour les changer en or. Il fallait passer sous les feux croisés de ce monde, pour atteindre la terre promise, le sanctuaire de Lavinia ; et si le courage d'Albin le déterminait à cette périlleuse campagne, on courait la chance de trouver au but une femme irritée, un visage sévère, et le juste reproche de prodiguer les visites pour compromettre une virginale réputation.

Ces réflexions arrêtèrent Albin, et il se résigna même avec moins de peine à ce sacrifice, en songeant qu'il verrait à coup sûr Lavinia, le soir au théâtre : on jouait *Othello ;* la jeune femme n'aimait pas cette tragédie ; or, si elle venait la voir, c'était en souvenir de leur dernier entretien, et une sorte de politesse adroitement significative envers Albin de Servian.

A l'ouverture des portes du théâtre

royal, notre héros entra pour examiner le terrain, et choisir ses positions. D'après ses plans, la soirée devait être décisive.

Albin s'établit dans un quart de cercle du corridor des loges supérieures, et par toutes les lucarnes et les portes ouvertes il interrogeait les basses régions des loges particulières, où il présumait que le soleil de sa nuit se lèverait une seconde fois.

Les corridors et les escaliers étaient remplis du fracas joyeux des soirées à grande attraction, on entendait passer et rire les jeunes femmes; on voyait l'amphithéâtre se parer d'étoffes précieuses, d'éblouissantes pierreries, de têtes charmantes, de fleurs indiennes, d'éventails chinois; un murmure de gaîté mélodieuse glissait comme une brise d'avril, sur ces bouquets vivants, formés par des groupes de jeunes mères et de jeunes filles, toutes radieuses d'un bonheur enfantin.

Aux yeux d'Albin de Servian, cette constellation de femmes était une espèce de voie lactée, perdue aux limites de l'horizon, dans un lointain nébuleux.

Enfin la porte de la loge dévorée s'ouvrit, et l'astre attendu se leva, l'oncle Goldrige servait encore de tache obligée à ce soleil, et doublait son éclat avec une complaisante abnégation.

XVII

Albin de Servian retranché incognito dans l'angle le plus favorable du corridor, ouvrait ses yeux dans leur plus grande largeur, et suivait tous les gracieux mouvements de Lavinia, ouvrant le libretto, posant les écrans, essayant les lorgnettes, disposant les coussins. Pendant qu'il s'énivrait de cette contemplation, il tressaillit et se retourna : Une main légère venait de le frapper au coude du bras droit.

— Vous ressemblez à un levrier à l'affût, monsieur de Servian, venez donc un instant j'ai deux mots à vous dire. Ah! il est charmant votre monsieur Macdougall!

C'était miss Cora qui parlait ainsi, l'actrice était belle comme toujours, eten toilettede gala; mais Albin crût voir la laideur incarnée dans une enveloppe de haillons, et il recula de peur.

— Eh! bien, mon beau jeune homme!

poursuivit l'actrice ; avez vous perdu l'usage de la parole dans un pari, comme le jeune fou de Thomas Herson? savez-vous que je suis furieuse contre M. Macdougall?.. Venez dans ma loge, je vous conterai ça.

— Impossible, madame — dit Albin poussé à bout — je suis ici en famille, on m'attend, je ne connais pas *Othello*; je ne veux pas en perdre un vers.

— Vous moquez vous de moi, jeune homme! tiens! il ne connait pas *Othello*, vous serez bien avancé quand vous aurez fait sa connaissance, c'est un vieux conte de ma nourrice, un vilain noir qui, pour se débarrasser pe sa femme la poignarde avec un matelas. Une vieille chose qui n'est plus dans nos mœurs.

— Nous avons encore un instant, miss Cora — dit Albin avec une affectation de sérieux qui éloigne toute familiarité importune — voyons qu'avez-vous à me dire sur M. Macdougall?

— Ah! le monstre! je lui avais demandé deux perruches, et il m'en envoie quatre.

— Deux de plus que votre demande! où est le tort?

— Il m'envoie quatre perruches empaillées!.... oui monsieur, je viens de les recevoir à l'instant; et avec une lettre absurde.

— Qu'y a-t-il donc dans cette lettre ?

— Rien du tout, pas un dollard ! voilà pourquoi elle est absurde. M. Macdougall s'est promené un an autour de moi, dans les coulisses du théâtre royal; il m'a fait un tort considérable, il a éloigné deux lords et un duc timides qui m'auraient épousée.... Tout Dublin connait cette histoire, voyez l'avarice et l'ingratitude des hommes! M. Macdougall est en Amérique, le pays où on fait de l'or, comme ici de la popeline, et il m'envoie quatre perruches empaillées, et quatre pages qui malheureusement ne le sont pas; c'est un style écossais que m'a donné les vapeurs du pays.

— Vous avez reçu ces nouvelles, madame, par le courier d'aujourd'hui — demanda de Servian, d'un air soucieux.

— Je les reçois à l'instant par le courrier du *rail-road* de Kingstown. Je vais lui renvoyer ces perruches demain, avec un épagneul empaillé... Vous ne voulez donc pas venir un instant dans ma loge, M. de Servian?... allons, c'est compris, vous êtes en bonne fortune. Respect. C'est demain jour d'opéra.... comment peut-on s'amuser à des tragédies! adieu. Venez me voir demain. Nous jouons *Norma*. Je chante comme un ange la cavatine *Chaste goddess*. Adieu Servian.

Miss Cora s'élança vers sa loge, en fredonnant *Chaste goddess*, au moment où le rideau se levait sur *Othello*.

Entrer dans la loge de Lavinia, sous les yeux d'une actrice évaporée qui suivait toutes les intrigues de la salle par désœuvrement, par curiosité, par haine contre la tragédie, c'était livrer la réputation de la jeune veuve aux médisances des coulisses. Cette idée arrêta M. de Servian. Il prit même, dans cette extrémité, un parti assez adroit, et qui indiquait la sagacité naturelle d'Albin en matière d'amour. Il résolut d'observer, pendant toute la représentation, la contenance de Lavinia, et de tirer des conjectures de tout ce qu'il allait observer.

Lavinia ne soupçonnait pas qu'un œil invisible et scrutateur venait de s'attacher à tous ses mouvements : elle s'abandonnait avec trop d'étourderie à ses impressions naturelles : ses regards n'avaient pas cette curiosité vague, indéterminée, qui ne cherche rien dans une salle, et qui cherche tout. Ses regards obéissaient à une idée. Ils fouillaient, avec une inquiétude mal déguisée, les masses compactes de spectateurs; ils interrogeaient le clair obscur mystérieux des loges; ils se fixaient avec une immobilité ardente sur des têtes sombres, soupçonnées un instant de porter un nom connu. Le théâtre ne recevait qu'à longs intervalles un coup-d'œil de complaisance brusque. L'intérêt n'était pas entre deux rangs de coulisses. Une distraction fiévreuse agitait la jeune femme ; et son découragement se manifestait d'une manière sensible, lorsque son bras retombait, avec une légère convulsion, sur le bord de la loge, et que, sa tête fatiguée de ses évolutions, prenait un instant de repos, et s'appuyait sur un dossier de velours. Si un mot de tendresse humaine, si une parole de cœur, un écho d'amour traversait la scène, les yeux de Lavinia descendaient des cimes du théâtre, ou remontaient de ses profondeurs pour regarder le personnage qui venait de dire le vers aimé du grand poète; et puis, dès que le dialogue rentrait dans un ordre d'idées et de sentiments étrangers à la passion, les yeux de la jeune femme abandonnaient une scène dont le langage n'était plus compris. Au dénouement, lorsque Othello étouffe sa femme, Lavinia tressaillit, baissa la tête, et voila son front avec ses mains. Ensuite, elle eut un accès de ce rire faux et nerveux, qui vient de la source des pleurs.

Albin de Servian n'avait rien perdu, et avait tout expliqué en sa faveur. L'amour malheureux n'est pas exigeant, et il se donne facilement quelque satisfaction.

Avant le tomber du rideau, il descendit

rapidement l'escalier du théâtre, pour ne pas se mêler à la foule et n'être pas reconnu. Son visage rayonnait de joie; son cœur palpitait sous l'impression d'une volupté inconnue. Plus de doute, il avait occupé pendant trois heures de tragédie, la pensée de Lavinia; dans cette soirée, son absence avait rempli le théâtre aux yeux de la belle veuve : elle n'avait cherché que lui dans tout ce monde brillant; elle aurait donné le peuple de la salle pour le spectateur qui lui manquait. L'espoir, ce puissant aiguillon de l'amour, découvrait une région nouvelle à notre héros, et prêtait de nouveaux charmes à Lavinia. La passion grandissait avec vitesse et confiance, car elle ne redoutait plus rien de l'avenir.

A demain ! à demain ! — se dit-il, en se donnant un rendez-vous à lui-même — et il sonna un air triomphal, avec le marteau de la porte de sa maison.

Le domestique qui ouvrit, lui remit une lettre marquée au timbre d'outremer. Albin prit un flambeau, s'assit, et ouvrit la lettre : elle était signée, Macdougall, et datée d'Amérique; en voici le contenu :

« Nous avons fait une heureuse et courte traversée, cher Albin; en mettant le pied sur le sol américain, je vous écris. Ma première pensée est à vous.

» Le commerce va bien. En arrivant

ici jai reçu des lettres d'Yucatan qui m'annoncent que le bois de campêche a subi une baisse d'une livre et huit schillings, ce qui rend mon opération magnifique. J'ai nolisé deux cents tonneaux pour mon campêche, sur le navire le *Shark,* sous charge pour Liverpool. Le *Shark* entrera en Mersey, dans trente jours au plus tard. C'est juste l'époque où les teinturiers s'approvisionnent. Affaire d'or.

» Mes popelines ont été enlevées au débarquement. Le bénéfice n'a pas été considérable; par malheur, je suis tombé en Amérique, avec trois concurrents.

» On est friand ici de l'or anglais, j'ai

vendu mes lingots, à onze pour cent au-dessus du tarif de Dublin.

» Je serai bientôt prêt. Un paquebot à vapeur doit partir dans la quinzaine pour Kingston et Liverpool. Il ne faut rester en Amérique que le temps nécessaire pour récolter son argent.

» Vous ne sauriez croire, cher Albin, le plaisir singulier que j'éprouve, en songeant que je vais traverser l'Océan pour me marier...

Jusqu'à ce passage, Albin de Servian avait lu tout d'une haleine cette lettre de Macdougall : il souriait même, de temps en temps, à l'idée que le commerce avait tué le projet de mariage. Mais arrivé à ces dernières lignes, notre héros froissa le papier, et tira du fond de sa poitrine un soupir déchirant. Il fallait pourtant lire jusqu'au bout; c'est ce qu'il fit, avec une répugnance nerveuse que pouvait seule vaincre l'infernal désir de tout savoir.

» Que de charmantes choses vous allez m'apprendre, en arrivant ! que d'entretiens délicieux vous devez avoir eus avec mistress Lavinia ! avec quels soins fraternels votre amitié intelligente aura formé son esprit et son cœur, par des lectures et des paroles graves, comme elle les aime;

car je la connais très-sérieuse, cette divine Lavinia.

» En recevant cette lettre, vous irez, comme un autre moi-même, à la boutique de Kilburn, et vous commanderez une corbeille de noces, comme pour la fille du vice-roi. Sondez adroitement les goûts féminins de ma future épouse, et faites vos emplettes selon ses goûts.

» Heureux Albin, vous ne connaissez pas ces tourments et ces inquiétudes! Malheureux Albin, vous ne connaissez pas ces douceurs!

» J'écris à mistress Lavinia par le même paquebot. Je lui envoie toutes les tendresses de mon cœur, et à vous toute la reconnaissance de mon amitié.

» MacDougall. »

L'amour a des coups de foudre qui tuent sans donner la mort. Les hommes qui ont joué, depuis leur adolescence, avec les passions orageuses, comme Mithridate avec les poisons, ont cuirassé leur épiderme contre les assauts de ce genre; mais Albin était un novice de trente-quatre ans; il n'avait, dans son passé virginal, aucun appui de comparaison pour se soutenir. Ses pieds fléchirent sous le poids de cette lettre tombée sur son front comme une masse d'airain ; il se sentit étouffer par ses veines, et poussant un cri de détresse, comme un naufragé aux abois, il s'évanouit.

Dans toutes les histoires frivolement écrites, et affranchies de la gravité du genre, il arrive toujours un incident qui soumet le récit à un régime plus sévère. Ce sont des nuages qui passent en été sur l'azur joyeux des beaux pays. Excusez cette ancienne métaphore; en faveur de sa justesse, il faut lui pardonner son éternelle apparition.

Le lendemain de cette triste soirée, si triomphalement commencée au théâtre royal, Albin de Servian se réveilla brûlant de fièvre, entre quatre rideaux, et deux médecins.

En Irlande, la médecine est une profession très-facile à exercer, à cause de l'absence de la maladie. Cet heureux pays a toutes les conditions naturelles qui donnent la santé : air pur, collines d'aromates, saisons modérées, bains d'atmosphère maritime, ciel humain. Les habitants ont les vertus primitives de l'homme ; ils sont surtout sobres et tempérants, car la richesse ne les a jamais corrompus.

A Dublin, il y a quelques médecins honoraires pour les étrangers; mais comme les voyageurs sont très-rarement malades, puisqu'ils voyagent, la science des docteurs est rarement exercée à l'état de pratique; elle ne sort presque jamais de la théorie, domaine serein qui ne coûte de larmes précoces à aucune famille, et ne fait pleuvoir ni anathèmes, ni comédies de Molière sur la vénérable faculté.

Il y a dans *Phœnix-Park* une allée, nommée l'*Allée des médecins*. Là, se promènent, dans une indolence perpétuelle, les docteurs de Dublin, comme Hypocrate et Galien aux Champs-Élysées, causant de la nature des choses, et des maladies de l'âme, ces honteuses filles du corps social.

Ce préambule doit expliquer l'embarras qu'éprouvaient les deux médecins, appelés auprès du lit d'Albin de Servian. Ils se consultaient du regard et du geste, pendant une heure; enfin l'idée arriva; ils ordonnèrent d'ouvrir les fenêtres, et de donner de l'air à l'appartement. Hygiénique recette qui sauve, quand Dieu le veut, et ne compromet jamais le médecin.

Tous les matins, pendant six jours, la même consultation eut lieu, et le même traitement fut répété : le septième jour, Albin de Servian était en bonne convalescence, et pouvait recevoir la visite de l'oncle Goldrige, qui venait, chaque soir, s'enquérir de l'état du malade.

FIN DU PREMIER VOLUME.

www.ingramcontent.com/pod-product-compliance
Lightning Source LLC
Chambersburg PA
CBHW071511160426
43196CB00010B/1482